神套路

为什么我们总被带节奏

〔美〕阿里·阿莫萨维 著
〔哥伦〕亚历杭德罗·希拉尔多 绘
王扬 译

南海出版公司

新经典文化股份有限公司
www.readinglife.com
出　品

献给父亲，我的一切都要归功于他

目　录

客观真理的概念正逐渐从这个世界上消失……

于我而言，这比炸弹更为恐怖。

——乔治·奥威尔

简论：语言如何在潜移默化中影响思想

哦，你好！我是兔子先生，很高兴见到各位。你们也许会好奇我是如何活到，呃，如此高寿的。我来告诉你们我的秘诀：“竖起耳朵听”是兔子安身立命的不二法门——况且现如今，语言中的套路比以往任何时候都要普遍。它在日常对话、报纸和网站发布的消息、“网红”们的转发分享，以及能言善辩的知识分子的演说中随处可见。我们对这个世界的认知都由它左右。你手里拿着的这本书正是关于这类修辞的梳理汇编——不仅是出口之言，更包括那些言外之意。

这些修辞技巧很容易被我们忽略，一个原因是，在听别人讲话时，我们往往关注的是自己是否**喜欢**这个人，而非他的发言是否站得住脚；另一个原因则是，从本质上讲，我们的大脑会根据语境，采取不同的方式处理信息。请看两个著名的效应：

启动效应（Priming）。在网上流传的一段视频中，一群人坐在客厅里玩游戏，在不给出任何视觉提示的情况下，其中一人让另一人——一位货真价实的英语专业学生——读出“T-W-A”，她根据字母的发音规则拼读了出来。他又让她读出“T-W-I”，她同样进行了拼读。接下来是“T-W-O”，这次她越发奇怪的发音尝试引来哄堂大笑。与这类似的整蛊视频不在少数。

有趣的是，我们这位英语专业学生正是在用她的直觉回答看似简单的问题，这在前两次都能奏效，然而当她根据经验推理最后一题的答案时，先前得到的信息却突然失效了，视频的喜剧效果正在于此。人们对先前的经验总是很敏感！

框架效应（Framing）。在框架效应的一个典型案例中，参与者被分为两组，针对一种将会杀死 600 人的假想疾病，他们需要在两种治疗方案中做出选择：

第一组面对的选项是：A）可以治愈 200 人；B）有三分之一概率治愈全部 600 人，但有三分之二概率无法治愈任何人。

第二组面对的选项是：A）会使 400 人死亡；B）有三分之二概率导致 600 人全部死亡，有三分之一概率无人死亡。

两组选项实际上是相同的，但在第一组中，积极的框架使得更多参与者选择了结果确定的治疗方案——A；而在第二组中，消极的框架导致更多参与者选择了更具风险性的方案——B。

这些例子以及其他许多例子表明，作为日常决策的基础，我们的判断、直觉和反应并不像我们以为的那般可靠。我们很容易受到信息包装及其呈现方式的影响，随之滋生的便是认知偏差——以及社会偏见。

我们的偏见——实际上是一种幻象——根据所涉人群不同，类型千奇百怪，而且很多都不易察觉。例如根据地理位置对国家进行归类，或按首字母顺序排序，这在感觉上是自然的。但事实上，这种本能并非自然，而是人为。正是这类偏见，让我觉得有必要与你们分享这本手册。

在接下来的七个章节中，我将探讨那些经我们雕琢又被我们接受的语言如何塑造我们的观念，还有令人印象深刻的插图帮助理解（有些是我画的！）。我关注的主要是具有操纵效果的语言，例如制造恶意联想、刻意模糊，或通过表面中立假装客观。这些分类彼此间会有一些重叠，而我举的例子也必然做不到详尽无遗。

并非所有“套路”都是有意为之的：虽然一些写作者存心误导，但其他一些人可能是无意间达成了这种效果，尤其是在内隐偏见起作用的时候。当一个记者提到某位政治家罔顾事实的修辞风格，而非他的谎言，她更有可能是在讽刺，而非替他开脱。我的例子大多取自通常被认为是中立、公正且无党派倾向的内容。我会试着把其中的内隐偏见拆解出来。

修辞——即某人如何言说某事，对洞察这个人的潜在特质大有帮助。但请注意，我不会关注政治正确这种不断变化的框架，或身份政治这类简单的立场。我也不会讨论那些明显偏执，或不够真诚的表达（我相信敏锐的读者自能鉴别！）。此外，由于英语使用者遍布全球，不同的文化背景势必影响人们对语言的理解，但我会把这一重要话题留给相关专家。

另外需要注意的是，本手册讨论的是人们用来谈论各种问题的话语，而非问题本身。你们人类对政治议题的观点已经足够分裂了，我可不想蹚这个浑水！因此，我对取自现实媒体的一些案例进行了改编，找来兔子和獾帮忙客串。为了增加喜剧效果，我还对几个例子稍稍做了润色。

有关獾与本书提及的诸种负面事件之间的关联，如有雷同，纯属巧合。

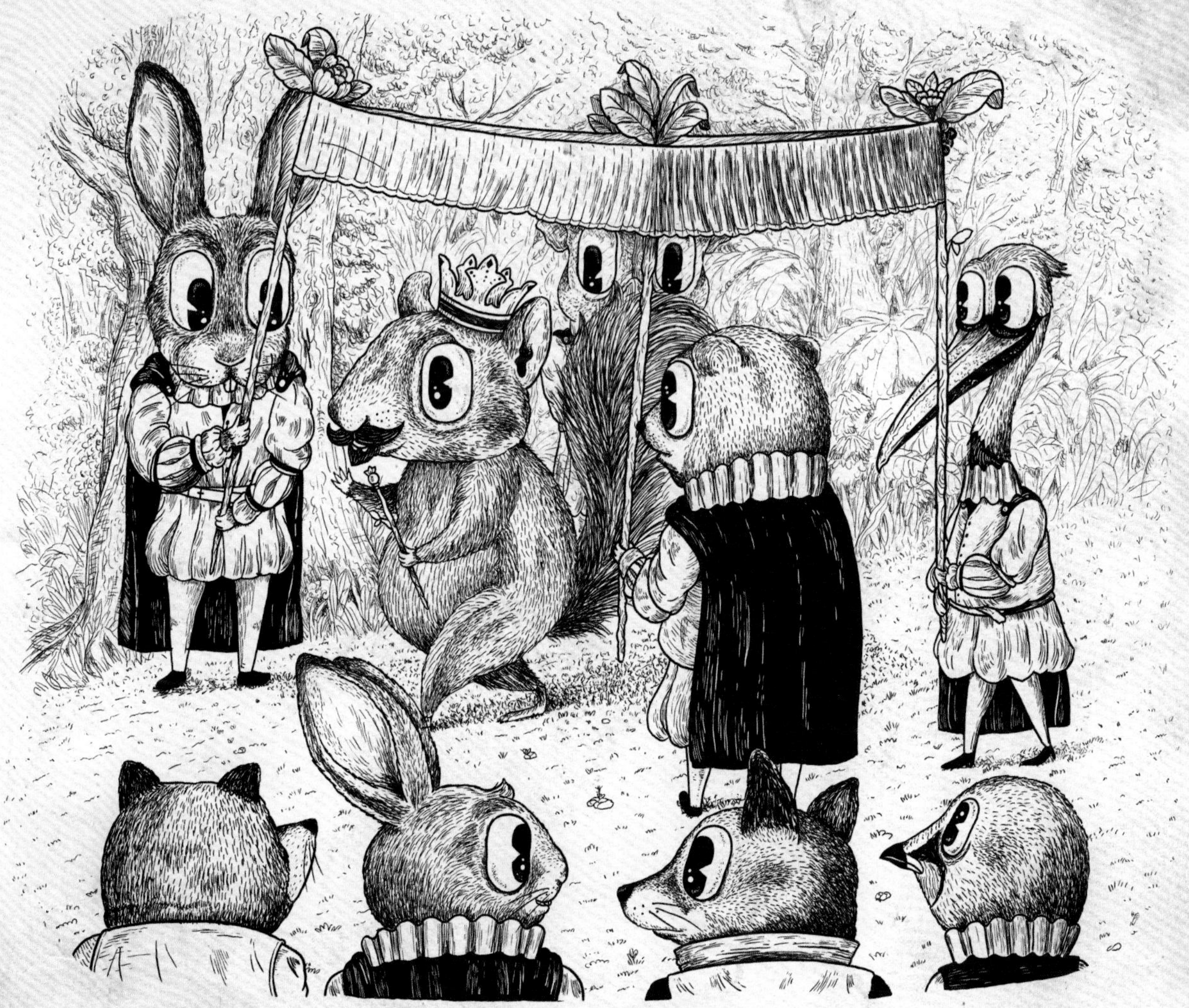

美极了，对吧？
陛下的无拘无束自由风。

1. 刻意模糊

虚伪的语言，其核心就在模糊性——它蒙蔽思维，混淆意义。正如奥威尔谈及含糊不清的术语时所说的：“使用这些术语的人有他自己的定义，但允许听众把他的话想成不同的意思。”

模糊的语言常用于帮助某人（也许是我们自己？）从糟糕的行为或悲惨的记忆中脱身。在一个经典的道德困境思想实验中，一辆失控的火车将要撞死五个人——除非你扳动开关令它转向，那样它会杀死一个人。不考虑其他条件，这是个简单的数学问题。但事实上，比起采取行动（扳动开关）成为“帮凶”，非直接地造成伤害总让人更好受些。我们可以看到相同的本能在模糊的语言中也发挥着作用。

让我们来看几个例子。

模糊归因（Misattributing actions）。有时我们生活在一个万物有灵的世界里！在一则网络新闻中，我们读到：

该男子的拳头撞上警官面门。我们可以想象，一旦撞上，拳头会自己施加力量，在警官面部造成一块瘀伤。然后拳头会被拘留，并且不可保释。

在一份纪实报上，我们看到这样一个标题：

世界杯期间，一枚导弹造访（当地）咖啡馆。我们可以想象，一枚激光制导导弹大摇大摆地来到咖啡馆，干裂的嘴唇间叼着一根牙签。他一把推开双扇门，然后潇洒地抬起手，碰了碰牛仔帽的帽檐。

而关于一次致命的空袭，同一份报纸的标题提醒我们，是海滩没有洁身自好之过：

兔子们被海滩吸引，卷入冲突中心。

在其他案例中，我们看到行为被归咎于未知的施动者、模糊的集体或抽象的概念——尽管责任方其实非常明确。一位纪实报专栏作家撰文写道：

今日事件导致二十只兔子失踪。

在一位即将离任的总统发表的官方赦免令中，我们看到：

当护卫队试图进行封锁时……事态激化，导致有平民不幸伤亡。显然，开火的枪，以及四名持枪的安保员（他们正要得到赦免）都置身事外。

对于一场导致数十只兔子死亡的空袭，一篇网络文章的摘要这样写道：

獾国声称他们并非有意杀死四十二名平民……他们攻击了一系列地下储藏室，造成兔子们的家园垮塌。

下面这个标题来自一家主流有线电视新闻网，它（在语法上）将行为转移到了受动者身上……

备受喜爱的林地书店沦为兔子与獾冲突的牺牲品。

……并未提及激光导弹，也未说明究竟是冲突的哪一方发射了它。

同样，第一夫人的私人朋友在回想中将自己与事实拉开了微妙的距离：

我发觉自己……正在准备美国历史上最具争议性的总统就职典礼。确实太糟了，对吧？你坐在那里，琢磨着自己的事，然后发觉自己正在准备一场就职典礼。

大象的脚撞上了老鼠的家，造成屋顶垮塌。

这样的例子不胜枚举：

（新闻媒体）大楼在导弹袭击后倒塌。

被獾的枪弹打伤的富兔区少年不治身亡。

四名獾保安遭解雇，因一只兔子死于……拘留。

广岛纪念世界首次原子弹爆炸七十五周年。

暴力抗议导致数十只兔子丧命。

昨夜，一群兔子伏击打死三只獾；该事件发生在邻镇六只兔子丧命的几小时后。

记者选择这类措辞，可能是为了“削弱”负面新闻带来的不适感，而非刻意淡化责任。但读者需要当心那些总是“倾向于”某一方的媒体——例如在最后一个例子中，它在前半部分将责任归于兔子，后半部分却对獾只字不提。

模糊引用（Misattributing quotes）是一种与“模糊归因”类似的策略，但带来的效果不同：它将一个人的发言归结为群体发言，以减少受众的怀疑。这种做法通常很难被发现。例如《卫报》有一篇文章写道：

目击者们声称当时发生了“巨大的爆炸，现场随即地覆天翻”。通过加上一个“们”字，个人的证词就变成了众口一词。[1]

美国有线电视新闻网曾在选举期间发布过一篇轰动一时的文章，其中是这样

---

① 比尔·布莱森（Bill Bryson）在他的《英语麻烦词词典》（*Bryson's Dictionary of Troublesome Words*）中第一次指出了这个例子。——原注

《英语麻烦词词典》中文版又译作《英文超正典》。——译者注（本书脚注若无特殊说明，均为译者注。）

写的：

消息源称，獾先生在一次非正式会面中告诉兔子，一只兔子是不可能赢的。具体来说，该消息经四个消息源确认。然而在文章后续内容中有这样一句话，表明四个证人均未掌握此次会面的第一手信息：

对此次会面的描述基于四个人的说法：其中两人在会面不久后与兔子有过直接交流，另两人听说过会面之事。

所以这可能只是一个人的说法，被几人复述一遍，就成了一众消息源。

被动语态（The passive voice）是另一种常用手段，目的是切断动作与其实施者的联系。通过将主动动词变为被动，受动者成了句子的主语。没有主动动词怎么办？那施动者就不用出场啦！

一九七四年的兔獾战争导致城市中的獾和兔子流离失所。城市北部的獾族居民全部被兔军驱逐，整个獾族社区被夷为平地。兔族聚居的地区，如咕噜镇、臭脸镇和胡子镇，也遭到破坏，兔口锐减。

请注意，这里的“被驱逐”虽然用了被动语态，但还是直接归咎于兔子；而“兔口锐减”的原因却没有任何指向。

接下来的内容引自一份警方报告，其中提到一名公交车司机在要求三位乘客戴上口罩时遭到殴打：

受害人将车停在路边，要求这些男性下车。在受害人要求他们下车时，其中一名男性掏出一根木棒，击打数次，受害人被打伤。

英国广播公司的《新闻之夜》节目曾询问一位部长是否知晓他的安保部队如此残暴。他回答道：

错误犯下了。我们不会容忍人权侵害或刑讯逼供行为。被动语态描述的是坏事，主动语态描述的是好事。结果就是人们相互推诿，逃避责任。没人犯过错，错总是被犯下的。没人犯过罪，罪总是被犯下的。

针对虐待员工的指控，胡萝卜生产商回应道：

我们对上述兔子以及我们的员工负有责任，接下来会有一个公正的调查展开。①

这里，有趣的被动语态令谁将进行调查这个问题模糊不清。我们预想该生产商会深入调查并采取行动——但实际上，他们并未如此承诺。

省略细节(Omitting detail)。被省略的内容与已表达的一样，都是叙述的一部分。政府可能会指出，某个代表名额不足的群体已经有成员占据了关键职位，却隐瞒了其他类似群体因法律原因而无法获得同样的机会；独裁者可能会让一些人从照片或影片中“消失”，从而使相关叙述更符合党派路线。而省略细节的语言作用也是如此。

关于某政党为推选总统候选人而举行的全国大会，美国国家广播公司新闻网的推文写道：

大会上，这位女议员在简短发言中，并未表明她将支持最有可能的候选人金

① 汉语被动式分为有标记被动式（如“被”字句）和无标记被动式（通过语义可判断出被动关系）。此处及上文“错误犯下了”均为后者，仍属于被动语态。

宝[①]。尽管这则叙述本身没有问题，但它省略了一个重要细节：大会组织者要求该议员表示支持二号候选人，以示鼓励。因此她并非反对占多数的意见（像这条推文暗示的那样），而是在遵守约定。广播公司随后发布了澄清说明。

在金融新闻网站巴伦上，我们看到这样一个标题：

首席执行官在分股前抛售股票。在随后的文章中我们读到，出售股票的消息已事先公布，这与高管售股的通常情形并无不同。然而该标题却让此事显得像内幕交易。

一篇《纽约时报》文章开篇写道：

周五本地爆发了迄今为止规模最大的抗议行动，数以万计的示威者将街道挤得水泄不通。而在一个段落之后，我们读到抗议人数“大概是周二的两倍，周二有约十万人到场”。虽然把二十万抗议者说成“数以万计”就事实而言并没有错（说是数以千计、数以百计、数以十计也没错），但这种措辞大大削弱了抗议的规模与意义。

这让我想到一个类似的例子：当被问及需要多长时间才能解决英国的病毒感染检测问题时，卫生部长马特·汉考克回答，“大概几周”。于是安迪·萨尔茨曼在《新闻问答》节目中调侃道：“罗马人入侵英国也是几周前的事。几十万周，也叫几周。”

更常见的情况，可参考这位公司创始人的职业简介：

我公司已与谷歌及软营网签署多年客户协议。然而仔细一看就能发现，该公司只是替客户向谷歌购买 G 套件服务，以及向软营网支付产品费用。

公司会议中，我们经常听到这样的说法：

---

① 金宝（Jim Bo）是儿童图书和同名改编动画电影《宝贝老板》（*The Boss Baby*）中的角色。

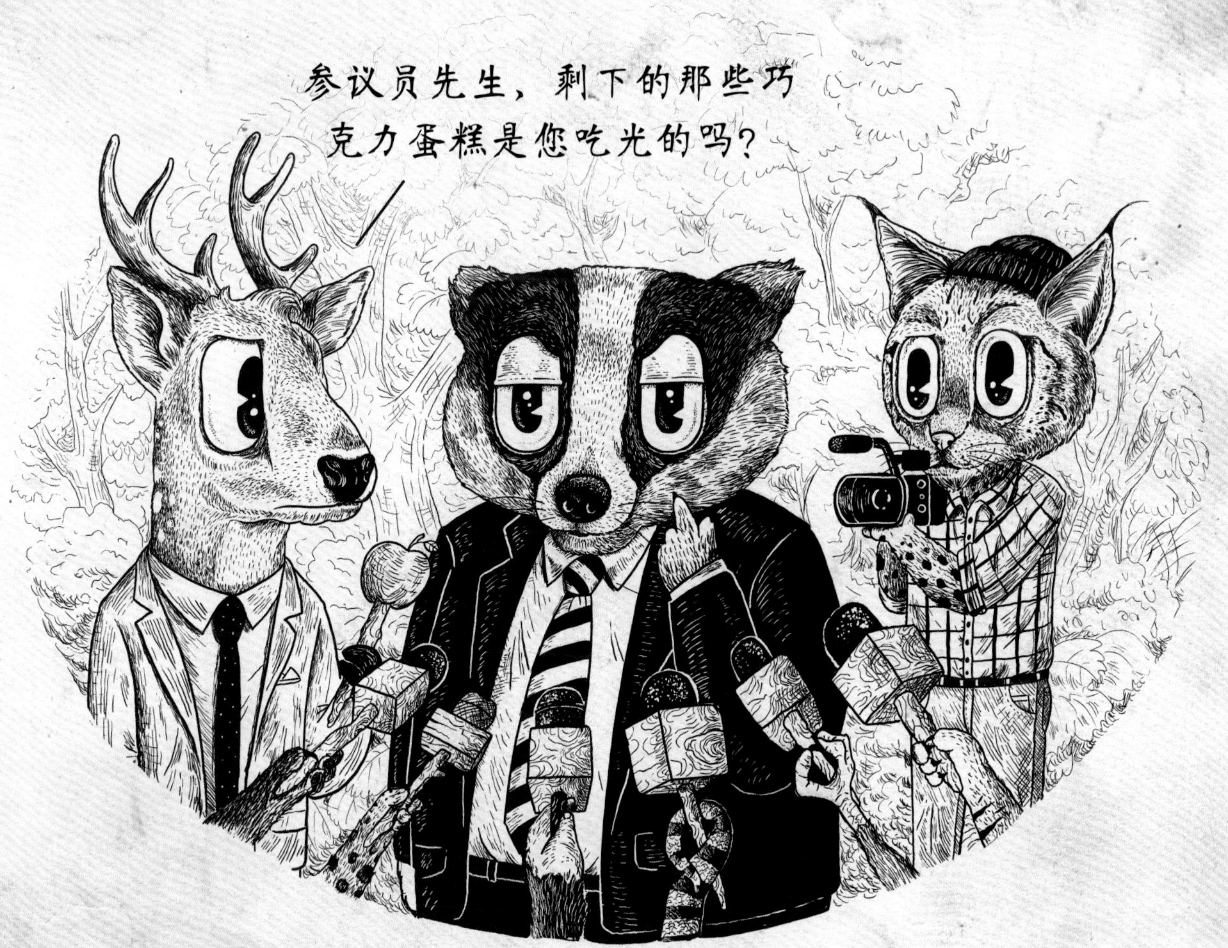

参议员先生，剩下的那些巧克力蛋糕是您吃光的吗？

听着，对于此事我只能说，在我关上冰箱门的时候，蛋糕已经被吃光了。

本季度，我们提出了很多解决方案，实现了业绩增长。所以这些方案解决你们最初的问题了吗？

上个月，我们注意到要求提供新功能的用户邮件有所增加。从一封增加到了两封？

另一个案例中，《华盛顿邮报》上的一个标题写道：

加利福尼亚州一城市减少对警方拨款。公职人员杀戮事件激增。这个标题似乎合理地反驳了其他城市正在考虑的“减少警方拨款”措施。然而整篇文章却表明，该城市削减警方预算（及警力）是出于资金紧张，并未抽调款项用于其他社会服务——但这才是其他城市提案的关键考量。

还是说点轻松的。喜剧演员约翰·木兰尼回忆起自己童年的一段经历，当时他声称自己刷了牙，却只有一把干牙刷。他是如何狡辩的？

我又没说我今天刷了牙。

刻意含糊（Waffling, with intention）。使用“似乎”“据说”“可能”这样的词语能制造出比事实实际允许的更大的解释空间。在一位当红播客主持人的著作中，我们看到这样的脚注：

许多批评者指出，我很少直接地引述文献资料……我通常选择绕开芜杂的观点与分歧的概念，因为它们会让关乎人性价值的讨论变得难以理解。这肯定会惹恼一部分人，不过我咨询过的哲学家们似乎都理解并支持我的做法。

没人知道这些哲学家具体是谁，人们也没法直接去问他们是否支持作者的做法。

如果找不到任何支持者——这里的“似乎”就为作者提供了辩解的空间。

有些事可以被“据说”（即使它并非毫无根据），如此一来，受欢迎的人就可受益于人们“倾向于相信他”的意愿。“据说”也可以使原本确定的事实变得含糊，例如：

据说獾在接受电台主持人采访时使用了对兔子的歧视性语言，他因此受到了抨击。他究竟有没有这样做？如果没有，这就不值得讨论。如果有，就不是“据说”。

（截至本书写作之时）维基百科的一个页面写道：

兔子的叛乱被拥有压倒性优势的獾军迅速镇压。在最近这次动乱中，獾得到了四个邻国的支持。而据称，兔子一方有两个邻国支持。这是獾散布的谣言，声称两个臭名昭著的邻国支持了兔子。因此，“据称”是真的，“支持”是假的。这篇文章加固了獾所传递的错误印象——由胜利者书写的历史。

“可能”和“也许”可以通过引起怀疑，削弱原本无可争辩的事实：

香料渐渐成为獾国饮食文化的一部分。这始于生活在东部兔子领地的獾，他们可能是从当地的兔子那里学来的。

这种方法也可以暗示错误的行为，而避免明确指控。一次电视采访中，某位活动家回忆起曾经与一位颇具影响力的对手的会面：

我们在他家会面后，达成了一系列协议。我答应的部分如今都已实现，而他承诺的也许尚未成真。

混淆概念（Conflating confusable concepts）。人们经常把天气和气候混同使用，

这正是这种策略的典型例子。一份周日出刊的报纸上这样写道：

更令人担忧的是，奥地利今日迎来有史以来最早的降雪，山区降雪量预计可达三十至四十厘米……这种气温骤降某种程度上证实了那些气候变化怀疑论者的想法。这种说辞无视了科学家们的观点，即（全球）气候变化对（局部）天气的影响包括极端热天气和极端冷天气。模糊其说法——某种程度上证实了那些气候变化怀疑论者的想法——表明作者对自己的混淆行为心知肚明。

在病毒流行的那几个月里，口罩可能导致缺氧的说法出现在一些出版物中。一份不太知名的日报写道：

研究表明，戴口罩对人的精神和身体有负面影响。接下来作者引用了一项科学发现，即戴口罩会降低口罩与嘴部之间的氧气含量，然后这位专栏作家得出结论——戴口罩会导致人体内的含氧量降低，进而带来一系列不明的负面影响。但这篇文章忽略了其他研究结果，即身体可以调节氧气摄入量的减少。

精确性巧饰（Concealing with apparent precision）。具体的“事实与数字”可以带来不容置疑之感，使我们忽略其他隐藏的复杂信息。下面这句话来自一篇调查招生歧视的文章：

该地区符合西草甸科技大学招生条件的高中生中，有 45% 是海狸，4% 是仓鼠；然而大学本科生中海狸和仓鼠分别只占 15% 和 3%。符合招生条件并不意味着没有更出色的申请人与之竞争。

在二〇一六年的英国脱欧公投前夕，首相表示：

只要结清账目，我们每周将收回大约3.5亿英镑的支出，其中大量资金本可用于支持国家医疗服务体系，很多人都意识到了这一点。这一发言暗示，原本交由欧盟分配的这3.5亿英镑将投入英国国家医疗服务体系中。然而，这忽略了欧盟将收回数目可观的拨款，也忽略了英国仍需向其他各方支付的款项。实际上，最终每周收回的资金大约只有1.6亿英镑。

一篇文章开头有这样一句话：

周日，手持弹弓的兔子向獾投射了800个胡萝卜，獾则通过扩音喇叭发出刺耳的尖叫，导致22只兔子失聪。读者脑海中会浮现这样的印象：相比800，22并不算恶劣。然而文章并未提及，獾拥有精密的防御系统，铺天盖地的胡萝卜多数都被挡下。与22只失聪的兔子相比，只有10只獾在这次冲突中受伤。

面对数字时，可以问问自己：数据的来源是什么？是个人提供的吗？是否混淆了什么？暗示了什么？是否在没有证据的情况下捏造了因果关系？这些问题的答案将揭示，你面前的数字是否符合真实情况——它本该符合，但总有意外。百分比尤其易被滥用。

这种表面的精确还表现为行话，即听上去很专业的术语，只能被特定的群体理解，并无益于清晰的沟通。

这一章的例子展示了刻意的模糊如何使话语与其本来目的——如实反映现实——背道而驰。我们最好能以怀疑的态度对待那些（比如）使用被动语态的、将行为归因于客观的，或者列举统计数字的文本——不一定要质疑，但至少该怀疑。如我们所见，统计数字也许看起来权威，但它可能只是诱使人们错把观点当事实的红鲱鱼[①]。而被动语态可能标志着施动者未知，抑或只是在暗示施动者未知。

我发现一个实用的思想实验——以当下的标题风格重写过去的新闻，可以更凸显其荒谬。给十八世纪的美国新闻用上被动语态如何？且看这个：

种植于南方各州的棉花成本低廉，确保南方经济良性发展。

① 腌制后呈红褐色的鲱鱼气味强烈，曾被人们当作训练马或猎犬的道具。后来逻辑学者据此提出“红鲱鱼谬误”，指那些刻意误导他人判断的线索。

2. 制造恶意联想

每一代都会有关于野蛮人歇斯底里的传闻，从无例外。

——J. M. 库切《等待野蛮人》

“标签化我，即否定我。”[1] 诚如克尔凯郭尔这句常被引述的名言所说，大脑是一台惯于联想的机器：制造恶意联想的语言促使我们将两件毫不相干的事情联系在一起，对它们产生同样的情绪。当你看到贝尔法斯特或贝鲁特[2]，首先想到的是什么？

正是出于这样的原因，作家歌颂旅行、独处和远方的意义：这样我们或许才可从语言强加的繁重假设与联想中脱身，遁入沉默之中。

无端牵连（Guilt by association）。使读者迅速对某人产生偏见的方式之一，就是让他们想起另一位他们本就厌恶的人。一份日报的标题写道：

（恐怖组织）首领宣布其子在参加婚礼途中身亡。对同一事件，另一份报纸则采用了更合理的标题：

一男子在参加婚礼途中被枪杀，疑遭袭击。由于提到了恐怖组织，第一个标题

① 这句话来源存疑，但观点还算立得住。——原注

② 贝尔法斯特和贝鲁特分别为北爱尔兰首府和黎巴嫩首都，历史上都爆发过冲突，并且都曾被一分为二。

引发的同情会少很多。难道就因为与该组织有间接联系，这位男子的生命便不那么重要了吗？

类似地，一位总统在离任前为四名被指控犯下大罪的持枪安保员发表的赦免令中称：

在该事件发生十多年后，检察官于近日披露，当时的首席……调查员可能与叛乱团伙有染。这则叙述没有提供任何证据，却将读者的注意力引导到这样的指控上，即调查员可能因为与某些连名字都不清楚的邪恶团体有联系，而有失公允。

还有其他例子。一条有关美国驻英大使的新闻视频标题是这样的：

特朗普提名大使因争议言论遭到调查。标题开头的修饰语意味着“由谁任命”和“遭到调查”之间存在某种事实上的联系。甚至在受众按下“播放”键之前，标题就唤起了他们对特朗普的情绪（无论正面负面）。

在一份主流大报上，我们看到这样的标题：

女国会议员谴责獾军造成幼兔死亡，标题下方是该议员照片和如下文字：

周五，一只未成年兔子被杀……引发广泛社会谴责，其中包括女议员珍·博。博女士是一位兔子议员，曾被指控为反獾主义者，一向对獾颇有微词，她还支持向獾国施压的经济政策。

是否有人好奇，在一则关于手无寸铁的未成年兔子被杀的新闻中，为何这位政客成了主角？

增删字词（Adding words, dropping words）。被“嵌入”句子中，具有负面含义

不打败这些用旋转铁臂遮蔽整个天空的无情巨人，我誓不罢休！

的字词，可以迫使读者产生不同于文字本身指向的联想。

“指导并唆使”在语义上有重复累赘之嫌，不过，因为“唆使”带有对犯罪意图的指向，加上这个无实际含义补充的词可能正是为了引起恶意联想。例如：

（内政大臣）几乎（对罢工者）宣战了……她还抨击了那些指导并唆使他们的人——人权律师。

隐喻与类比（Metaphors and analogies）。在另一些情形中，隐喻、类比以及丰富多彩的意象，无论明确或含蓄，都可以成为肮脏目的的帮凶。在金融界，牛市可能会被形容为“过热”，导致一些投资者提前抛售股票，而做出这番描述的可能正是那些等待“接盘”以获益的人。更隐蔽地，为了引起读者对某一群体的厌恶，一份周日小报的专栏作家写道：

我们的城镇被蜂涌而入的（他们）感染，已溃烂生疮。

无独有偶，在《纽约时报》一篇关于酷暑期间大量群众聚集水边的文章（这篇文章后来又被重新编辑）中，我们读到：

数以万计的他们攻占英国南部海滩，涌进城市公园。不计其数的他们在水塘中狂欢……

以上描述让人回想起二十世纪七十年代的一段报道。一九七七年，电视记者这样报道旧金山那场在卫生、教育和福利部前争取残疾人权益的静坐示威：

今天早上，位于富尔顿50号的旧联邦大楼外发生了一起冲突。在示威无果后，残疾人立刻开始侵入大楼。

几年前的一个头版标题是这样写的——居然全部用了粗体：

州议会大厦遭入侵，而详细报道写道：

周二，一伙年轻男子手持填弹步枪、手枪和猎枪进入议会大厦，并在辩论期间闯入议会厅。暗示很明显：这些人都是男人，他们违反了法律，而且他们是无法沟通的外星生物，从遥远的星系来到这里——跨越漫长的路途就是为了——入侵萨克拉门托[1]。

然而新闻没有提及，这群“黑豹党”[2]（有男有女）当时是在允许携带武器的法律范围内行动的，过程中他们并未将武器对准任何人，最后也和平地离开了。

隐义性标签、倾向性用语（Loaded labels, slanted synonyms）。具有强烈政治意味的语汇可以瞬间改变我们对某人或某事的情绪。

激进（Radical）。说某人激进，是为了让人联想到变化无常，以及绝对主义的、不切实际的、危险的、空想的思想。出于这个原因，一个人可能一出现就被贴上激进分子的标签。奇怪的是，随着时间流逝，人们会开始接纳曾经的“激进分子”，甚至对他们心怀崇敬。

都市（Urban）。政治修辞中，一些标签被当成“狗哨”使用：发言者选用带有特殊含义的词汇、短语，“志同道合”的群体能够以其特有的方式理解，普通大众

① 美国加利福尼亚州州政府所在城市。

② 美国黑人社团，1966 年 10 月由休伊 · P. 牛顿（Huey P. Newton）和鲍比 · 西尔（Bobby Seale）在加利福尼亚州的奥克兰创建。该社团坚持武装自卫和社区自治的原则，部分领导人主张“暴力革命”，造成不少恶性事件。黑豹党最终于 1982 年解散。

却听不出真正指向。如此一来，当有人指控发言者对那些未被指名道姓的群体心怀恶意时，他们就可以合理地否认。在美国政治中，“都市”可能用于指代少数族裔，尤其是黑人；“郊区”（suburban）则用来将其排除在外。正如一位前政客所陈述的：

我很高兴地告知所有拥有郊区生活梦想的人，不会再有低收入住房建造在你们的社区里，你们不会再因此受到困扰，或蒙受经济损失了。

清醒（Woke）。看看现在的孩子！《华尔街日报》上一个关于乔氏超市的小标题写道：

超市收到了一个十七岁孩子提供的关于其品牌的清醒建议。这个常用于嘲讽的简单词语足以暗示——年轻人没有能力提出有效的建议。

政权（Regime）。如果不喜欢某个政府，我们便可以称呼它为政权。当两个团体争夺政治权力时，经常可以看到双方在文章标题中称自己为政府，而叫对方政权：

鲟鱼将军称兔子政府与獾政权不同，前者在冠状病毒问题上将始终保持“透明与诚实”。

类似地，有一篇关于立法者联合推动政治变革的文章，标题是这样写的：

严重的骚乱爆发后，獾正在密谋罢免政府首脑。“密谋”通常意味着隐秘的行动，而非普通、正常的行为。

敌军（Enemy combatant）。我们可以称某人为敌军、游击队员、叛军、煽动者、造反者或民兵，还可以反过来，称他为抵抗组织成员或突击队员，这取决于他是否站在我们这边。

① 即鱼素食主义者，指推崇戒食动物产品，但将海鲜（以鱼为主）纳入素食主义饮食的人。

香蕉共和国（Banana republics）。重复的次数多了，使人先入为主的标签就会自我强化。对于面对争议性冲突时国际社会应采取的立场，曾有一场电视辩论，其中一位嘉宾——还是一位著名的历史学家——说道：

除了非洲的一些香蕉共和国，国际社会对这些决议都没有投赞成票。稍后可以看到，这个说法与事实不符。但即便如此，这位嘉宾也暗示了：所谓的“香蕉共和国”（原指受到经济剥削的国家）在面对道德动议时永远不可能凭良心投票。

中东呼吸综合征、西班牙流感（MERS[①], Spanish flu）。将可怕的疾病与特定地理位置或人群联系起来，可以暗指这些疾病是该地区或该群体所固有的。这种错误用法古有西班牙流感——很可能并非源于西班牙，今有中东呼吸综合征。

现如今，科学指导反对使用地理等特征命名疾病，以免无意中造成负面影响——“阿尔法变异”比“英国变异”好。自病毒流行以来，有近三分之一的亚裔美国人表示自己遭遇过某种形式的歧视。

夸大其词（Hyperbole）。我们经常在新闻标题里见到有人抨击或被抨击，炮轰或被炮轰，摧毁或被摧毁。这些夸张的修饰让攻击性、两极化的政治文化显得正常，帮助投机者和民粹主义者站上主流认可的位置——绝望的时代需要孤注一掷！更普遍的问题是，这些说法抓住（并且转移？）了我们的注意力（就像美国有线电视新闻网最爱用的两种——“爆炸性新闻”和“关键选情警报”）。

简单看几个例子：

① 全称为“Middle East Respiratory Syndrome”，直译即中东呼吸综合征。

副总统候选人抨击獾政府。

吉姆·阿科斯塔在推特上对凯莉·麦克纳尼的说法断章取义，因此遭到炮轰。

愤怒的参议员怒喷前同事。

再比如：

一场地缘政治的大地震刚刚袭击了（该地区）。神奇的是，并没有建筑受损的报道。

前第一夫人在演讲中将现任总统扒皮、拆骨、大卸八块。目前还不知道是谁来打扫了血迹。

租房者们毁约并火速逃离城市。用布赖恩·里根[①]的段子来说，你会觉得他们正抢着登上最后一架离开越南的直升机。

自然的……威胁似乎每刻都在倍增。但不知怎的我们竟然活到了现在，还读到了这句话。

一国之战已经打响。内战吗？不，是参议院的决选。

坎耶·韦斯特[②]被逐出威斯康星州大选。可怜的侃爷。这实在不应当。

扎克伯格对民兵组织事件处理不力，被脸书众员工的痛骂淹没。天哪，那一定很不好受。

---

① 布赖恩·里根（Brian Regan，1958— ），美国单口喜剧演员，具有讽刺自嘲式的幽默风格，擅于将肢体语言、面部表情融入表演。

② 坎耶·韦斯特（Kanye West，1977— ），美国说唱歌手、音乐制作人，昵称“侃爷”，2020 年宣布参选美国总统，但在威斯康星州提交独立候选人所需的提名签名时，因比规定截止期限晚了 14 秒，最终无缘该州选票。

这类语言将世界描绘成一个疯狂、严峻、粗暴的地方，只有马背上的英雄才能主持公道。一份报纸的社论如此写道：

在无休止的混乱中，（候选人）为这个焦虑、疲惫的国家提供了超越政策方针和意识形态的东西。正如一位评论者指出的，选民们期待政治家带来的恰恰是政策方针和意识形态，或最好能如此呈现，除非这个超越性的东西确实是神圣的、形而上的，而非只是——可能正是这篇文章涉及的——某种品质或价值观，不然一文不值。

一个从漫威世界得来灵感的副标题：

如果獾（在选举中）获胜，我们将见证一只哺乳动物的命运与他的国家系于一处的时刻。

总而言之，只需通过不断重复，或仅仅是“同框出镜”——将两个词语放得足够近，负面联想就能轻易形成。当然，针对夸大其词的部分，我们完全可以通过改写使之精确，例如：

坎耶·韦斯特~~被逐出威斯康星州大选—~~因错过截止时间失去参选资格。

副总统候选人~~抨击~~批评獾政府。

至于前文“无端牵连”的例子，可以通过反思“牵连”的内容是否具有实质性，是否只是暴露了我们的偏见，把它们修正成更符合实际的表达：

~~特朗普提名~~美国大使因争议言论遭到调查。

~~女国会议员谴责~~獾军~~造成~~杀害幼兔~~死亡~~。

增加的词语则很容易移除：

（内政大臣）几乎（对罢工者）宣战了……她还抨击了那些指导~~并唆使~~他们的人——人权律师。

制造或引起恶意联想是改变叙述的方法之一，接下来我们将讨论与此相反的做法：通过触发联想让表达比实际上更积极、更易于接受。

3. 制造正面联想

一份想要你续订的杂志会表现得智慧、敏锐、入时、幽默，就像《纽约客》给人的印象——如果不续订，你就将错失这些。另一些杂志会向你描绘一个在聚餐中左右逢源、游刃有余的人物，然后告诉你：只要续订杂志，你也可以成为这样的人。这种话术其实并不完美，你能察觉到其中夸大其词之处，但仍会想要续订杂志。

二十世纪四十年代，戴比尔斯公司正是通过营销动作起死回生的。为了向受众暗示钻石具有某种内在价值，他们选择了这样的广告语：如何用两个月的工资实现永恒？买一枚钻石婚戒——钻石恒久远，一颗永流传。从一九四〇年到一九九〇年，头婚新娘收到钻石婚戒的比例从10%上升到80%。

多数情况下，正面联想旨在诱使我们做一些通常不会做的事；在某些状况中，它们甚至会导向恶行：以委婉语为例，它可以帮助我们与负面行为解绑，从而摆脱负疚感。此外，在对某人的描述中插入积极的品质，可能会让我们相信他终究没有那么恶劣。美国广播公司附属网站上的文章描述了二〇二一年一月闯入美国国会大厦的一名男子：

（杰克，）这个会称呼法官为“女士”“阁下”的人，还面临着盗窃公共财产、暴力闯入国会大厦并扰乱秩序的指控。读者会陷入困惑——该细节与文章主题有任何实质关系吗？

下面来看看其他例子。

纯天然的形容词（All-natural adjectives）。听起来积极的词语能说服我们购买东西，更重要的是，能说服我们接受一般不会接受的想法。乔治·卡林[1]在一次现场表演中，飞速列举了一串广告中用到的、能带来正面联想的短语："生活中我有时会发现，厕纸（toilet paper）成了浴室用纸（bathroom tissue）！"威廉·卢茨[2]也在他关于两可词的文章、著作里列举了大量此类例子，其中多数来自二十世纪。

免费（Free）意味着低风险、零损失。"报税通"软件在线上营销时不止一次——是很多次——强调他们的产品免费：

保证免费。免费帮您轻松、准确完成简单的纳税申报。他们的产品却不是免费的——九成以上获得免费使用资格的报税人最终还是得为之花钱。

类似地，人们可能会奇怪，《北美自由贸易协定》（the North American Free Trade Agreement）与其说是保护自由贸易，不如说是确保跨国公司能够维护他们在新市场的投资，从而实现利润最大化。邓肯·格林[3]写道，该协议的大部分内容都"关于投资而非贸易，且几乎所有的条款都涉及墨西哥，而非美国或加拿大。《北美自由贸易协定》……使墨西哥在药品和计算机软件的专利方面被新规则严格约束，并从源头上杜绝了墨西哥耽误、阻碍跨国公司将利润汇回本国"。

可持续（Sustainable）。一些制造商声称他们的电动汽车是可持续的，尽管并

---

① 乔治·卡林（George Carlin，1937—2008），美国单口喜剧演员，以黑色幽默风格闻名，作品中常涉及对政治、宗教、心理、英语语言和一些禁忌内容的思考。

② 威廉·卢茨（William Lutz，1940— ），美国语言学家，主要研究通俗语言和模棱两可的用词。

③ 邓肯·格林（Duncan Green，1958— ），英国经济学家，是英国乐施会的高级战略顾问。

参加年度兔子大会的乘客，请上车！

非所有组件都如此。比如电池要用到的稀有元素须经开采获得。世界上一半的钴都被用来制造电池，而未来几十年这个比例只会不断提高。随着太空旅游的发展和各公司在未来文旅事业上的竞争，这个词仍将大有用武之地。

自然（Natural）。杂货店里的甜品、零食，货架上满满当当的高热量、高糖分饮料，其中一些竟然——据说——风味自然。对美国食品药品监督管理局而言，“自然”并没有明确的定义：A 类药物[①]源于自然，狗皮膏药亦是如此。但我们对自然抱有好感，因为它意味着非人工，意味着源自天然，意味着对你有好处。

出于同样目的，商家也使用其他含糊的表述：植物基底、健康、零脂肪（但全都是糖？）、低卡路里、低至（比如低至四折）、最新升级款、最好、独家、质保、促销、正版、经过测试、认证、限量、畅销，如此种种。面对这些，问一下“和什么相比？”或者“代价是什么？”往往会有奇效。

科学（Scientific）。听起来科学的发言可以将信念、观点伪装成事实。想到智库，人们大多认为这是一类先进机构，致力于客观调查；但实际上，有影响力的智库往往拥有充足的资金，并由一群意见一致之人组成，而他们的工作就是以听上去很有道理的话语证明根深蒂固的成见。

民主（Democratic）。一个自称民主，或者在代表权问题上做出类似主张的政府，既可能是道貌岸然，也可能是为了掩人耳目。一个专制国家自称民主固然可笑，

---

① 2015 年以前，美国食品药品监督管理局根据药物对胎儿的影响情况，将药物等级分为 A、B、C、D、X5 个级别，其中 A 类药物指的是对孕妇、胎儿都安全的药物，多为维生素及矿物质类药物，如 B 族维生素、叶酸、维生素 E、钙片等。

但只要经过反复灌输，加之合适的地缘政治环境，这种说辞就可以达到预期的宣传效果。

正如奥威尔所写的："就'民主'这样的词语而言，它不仅没有一致的定义，而且任何提供明确定义的尝试都会遭到各方抵制。人们几乎普遍认为，称一个国家民主是在赞美它，于是任何一种政权的捍卫者都会坚称，他们的政权是民主的。"

爱国（Patriotic）。如果一个限制个人自由或公民权利的法案被称为《爱国者法案》或《自由法案》，立法成功的概率将大大增加。

糖衣委婉语（Easy-to-swallow euphemisms①）。委婉语可以掩盖一件事最糟糕的部分，让我们对它的感觉稍好些。即便是听上去仍显负面的词语，也能起到这种作用。

经济落后（Economically disadvantaged）听起来比"受到经济剥削"要好。诚然，经济落后并不都由剥削造成，但在"发达国家"与"发展中国家"的语境下，事实往往如此。经过一个半世纪的剥削，印度在世界经济中的份额从 24% 下降到 4%，然而对于这种情况为何会发生的质疑却不像它理应的那样经常出现。

城市改造（Urban renewal）听上去会让社区变得更好（尽管肯定要以先前居民的利益为代价）。"更好从不意味着对每个人都更好。"《使女的故事》中大主教对奥芙弗雷德的告诫可谓一语中的。

量化宽松（Quantitative easing）听起来比"增印钞票以支撑股市"更可靠。量

① Euphemisms 源于希腊语前缀"eu-"（意为"好的"）和"phēmē"（意为"演说"）。——原注

化宽松的确可以降低借贷成本，从而实现短期经济增长（也许是为了大选？），但决策者往往避而不提它长期的通货膨胀风险。例如：

美联储应摆脱量化紧缩政策的束缚……经济腾飞指日可待。

对某个国家**实施制裁**（Imposing sanctions）往往暗示着该国犯下了什么骇人的罪行，理应严惩。某些情况下，这个短语变得更别有用心，也更道貌岸然，正如一份联合国决议指出的，它会被用于表述“以单方面经济措施为手段进行政治和经济胁迫”。

在军事及其相关领域，这种迂回的专用语尤为常见：

国防部（Ministry of Defense）比“战争部”更值得尊敬，它暗示我们的战斗完全是为了反抗侵略。原则上，在我们这个第二次世界大战之后的时代，选用这样的名称完全合理，但现实情况却经不起审视。人们只需看看地图就会发现，在两国相距七千英里的情况下，獾国轰炸机进入兔国领空执行国防任务并不合理。另外，雇佣安保员承担保卫业务，“半岛之盾”这样的武装部队负责守卫工作，国家安全法目的在于维护安全，这些也是同样的道理。

橡胶子弹（Rubber bullets）就像“海绵手榴弹”，听上去比金属子弹更柔软、更友善、更温和，也更文明。这个名称掩盖了事实：很多橡胶子弹是包含金属内芯的。它能够致人失明、残疾，甚至丧命——然而，当看到“橡胶子弹”这个字眼时，我们还是会觉得它不致命，或者是一种不那么致命的武器。曾有神职人员为军队使用这种子弹的行为辩护（也许是被这个充满弹性的名字欺骗了），甚至认为它是良善意图的体现：

从“橡胶子弹”这个词中，你能看到试图在现实世界实现一种（道德）愿景的矛盾张力。

兴奋性谵妄（Excited delirium）也是如此，它听上去可比“被电击枪击毙”无害多了。经过泰瑟电击枪公司的自费研发，加上专家、研究员和顾问团队的联合推动，这种综合征就此进入主流视野。

反兔斗士（Anti-rabbit fighter）。在一个兔子天然被归为敌人的世界，称某些人为反兔斗士即赋予他们合法性。他们反对兔子，我们也反对兔子，所以我们一定都站在正义的一方。这种选择性的衡量标准将立场与行为在道德上是否允许混为一谈。

正如嘉博·马特[①]指出的，我们常常通过划分阵营来评断道德。于是就能看到，媒体盛赞某些地区的政府抗议者，却对另一些地区的相同行为大肆批判。

国内动乱（Civil unrest）。外部势力向一个主权国家发动的战争，本质上是解放运动所反抗的征服行为，有时却被掩饰为内战或国内动乱。“国内动乱”假定了冲突双方在某种程度上的对等，因此不需要区分具体的二者；而“解放运动”这个称呼则揭示了一个民族由于利益遭受严重侵害而奋起的事实。

攻击意图（Moving tactically）为反应过度提供了借口：

狙击手预感到危险，不得不瞄准农民射击。该农民可能有攻击意图。而且，瞄准一名“达到兵役年龄的男子”比瞄准一名“出现在附近的青少年”更容易被原谅。

清理、净化（Cleansing, purging）。“清理”让你拥有更干净的厨房台面。于是，

---

① 嘉博 · 马特（Gabor Maté，1944—　），加拿大医生、作家、心理学家，研究领域包括儿童发展、物质成瘾、压力和创伤等。

广场上静坐示威的学生被“清理”，街头示威者被“清理”，市镇低端人口被“清理”。“净化”意味着消除有毒、有害物。因而，比起交代某人因何种原因被强行驱逐，以及将遭遇怎样的可怕命运，“净化”机关或政府机构听起来就正面多了。

安抚（Pacification）是让某些东西回归自然状态。这个定义揭示了令人毛骨悚然的双重含义：

a）安抚（使恢复平静）的行为或过程；

b）武力镇压、消灭被认为抱有敌意者的行为。

《卫报》的一个标题写道：

熊国郑重宣告，在事态“完全平息”之前不会停止攻击。“平息”指的便是敌人被彻底击溃并歼灭的状态。

再比如：

在提及屠杀平民时，“**行动**”比“暴行”好。

“**行政拘留**”比“未经审判的监禁”好。

“**附带损害**”比“平民丧命”好。

“**社区**”比“安置点”中听。

“**受控区域**”“**争议地区**”比“占领区”中听。

“**强化审讯**”比“严刑逼供”好。

“**驱逐**”比“暴力驱逐”“种族清洗”好。

“**动态军事行动**”比“扔炸弹”好。

“**军事目标**”比“作为军事目标的家家户户”好。

强尼，你刚刚是不是把杰克
从架子上推下去了？

不是的，夫人，我只是
在他的肩膀上施加了一
点动力。

噢，原来如此，那没事了。

“军械”比“武器”好。

“人口转移”“减少人口”跟“强迫移民”不同，不会使人联想到其在人道层面的高昂代价。

“私人军事公司”比“雇佣军”好。

“劳教所”听上去没有“拘留营”“集中营”那么邪恶。

“安全墙”比“边境墙”好。

“推倒”会唤起有关柏林墙的记忆——它比“拆除”“铲平”或“摧毁”更容易引起注意。

不受我们控制（It’s out of our hands）。把拒绝或障碍归因于客观条件，或归咎于比实际决策者权力更小的人，结果就更容易接受了。

裁员潮（A wave of layoffs）听起来如同一种不可避免的自然规律，连首席执行官对此也无能为力；就像“暴力的循环”听起来似乎能在无人参与的情况下自我延续。

外在因素（Externalities）是一种方便且万能的委婉说法，用于将责任转嫁出去（归于无形），例如：这个项目进度落后了两年，不是因为市长没有努力推进，而是因为外在因素。

碳足迹（Carbon footprints）暗指普通人的日常活动就是全球变暖的罪魁祸首。英国石油公司以朗朗上口的宣传语将它推广开来，比如“是时候低碳饮食啦”，于是化石燃料公司巧妙地回避了责任。

同样地，不是银行拒绝了你的申请，而是你自己的信用积分使你丧失资格；不是脸书、照片墙删除了你的贴文，而是你发布的内容不符合社区标准（无论该标准与脸书的使用条款是否一致）；而当社交网站上的“不当”内容惨遭删除时，技术问题也总是第一个出来背锅。

算法（Algorithms）和其他所有自动化技术一样，能隐藏其中的内置偏见[①]。就像“让数据说话”这类说法，如果你不注意，数据就只会说你想听的话。

一切取决于你（It’s all up to you）。当权者如果想把言论自由的尺度限制在某个范围内，就会将部分“表现良好”的异见者推上高位，向其他异见者传达“这就是你们因为越界而错失的东西”。于是社会问题的解决范畴、速度和方向都只能依靠这些似乎被赋权的异见者。在一场电台辩论中，一位边缘民权活动家和一位民权运动专家讨论了美国种族问题。

活动家：“先生，当前这些社群领袖没有为我们做任何事。对于我们被剥夺的公民权利，他们无动于衷。”

专家：“我认为您想用的词是‘任重道远’，他们确实任重道远。”

为了更大的利益（It’s for the greater good）。激发正面情绪的语言，往往用在需要隐藏真正获利者的时候。比如提及儿童或其他需要帮助者以标榜无私，于是你的主张便可立于不败之地：

---

① 指计算机技术中包含的，来自人类开发者的固有偏见。

新政策将为我们的孩子创造一个更好的世界。这一策略能帮助法案暗度陈仓，通过立法。最近，一项禁止公司采用端对端加密技术的法案被命名为《2020 年消除交互技术滥用和严重疏忽法案》，它承诺将防范网络虐童行为。当然，如果立法成功，该法案的作用将远大于此，它将为政府机构提供进入加密信息渠道的后门。

人力资本（Human capital）指的是人们在不同文化、代际间传递的宝贵知识。一次采访中，彼得·罗宾森[①]怀念地回忆起大英帝国，忽略甚至粉饰了殖民主义掠夺及其带来的苦难：

了解过英国殖民地的人们，总的来说，（会发现）这是一种人力资本的转移。他们并没有让殖民地的人们陷入贫困……结果恰恰相反。

介词和所有格(Prepositions and possessives)可以轻易实现角色交换。罗伯特·克莱武[②]用“印度的克莱武”表示他属于印度，但实际上，正如一位印度议员指出的，是印度属于他。皇室头衔“三大岛之保管人”表示君主是为繁荣的大小城市服务的，但事实恰恰相反。

自有合理之处（It’s only reasonable)。当我们没有足够的精力或同理心去同真正的对手针锋相对时，我们通常会把他们中的一部分视为温和派。然后，这部分群体就合理替代了我们不愿或无法对付的对象。

---

① 彼得·罗宾森（Peter Robinson，1950— ），加拿大著名犯罪小说家，出生于英国约克郡，其代表作以班克斯警探为主角。

② 罗伯特·克莱武（Robert Clive，1725—1774），英国殖民者，曾被东印度公司任命为孟加拉总督。

一位精通虚假两难[1]的专栏作家撰文写道：

那些支持我们、支持温和派的人将从这一进展中获益良多，而那些反对我们的激进阵营将更加孤立，并被远远抛开。

同样，当我们不想采取行动（又不想显得怠慢）时，我们会说从长计议。这个表达让人觉得，我们什么都不做是在谨慎行事。那些不干实事的组织经常如此推脱。

有趣的是，一九四四年，美国战略服务局（美国中央情报局的前身）出版了一本《简易破坏活动手册》。其中，《对组织和生产的一般干扰》一节这样写道："如果可能，将一切事宜提交给委员会，以便'从长计议'。尽量确保委员会规模足够大——委员数量一定不要少于五人。"

随着时间的推移，委婉语和其他激发正面情绪的语言自会暴露其本质。当领袖举全国之力发动战争，付出巨大代价，人们将会难以接受胜利之外的结果。否则一切是为了什么呢？但在后人看来，胜利可能变成屠杀，解放可能变成剥削。讽刺的是，我们越接近某个事物，就越难保持客观。这也许就是成语"旁观者清"的由来吧。

① 指给出一个由两种范畴组成的有限集合，并假设讨论范围内的一切事物都必须属于该集合。

4. 利用预设

我们为自己制造事实的图画。

——路德维希·维特根斯坦

把某些判断当作既定事实，我们就是在“预设”。而不容否认的客观事实最终可能会由那些最具影响力的人解释。他们的“事实的图画”被传递给每一个人，仿佛那就是事实本身——成为尼采所说的“一群移动的隐喻、转喻和拟人……它们被诗意地、讲究修辞地强化、变形、修饰，并在经过长期使用后，成为对一个民族而言坚定的、权威的、不容置辩的存在”。

我们将会看到，这一类语言带来的结果就是刻板印象与偏见。

无关形容词（Irrelevant adjectives）。强调细枝末节，或许能将与事实并不相符的叙述推至台前。例如：

与棕发兔子的冲突，导致三只獾受伤。“棕发”细节并不能补充任何有效信息，但重复多次，最终可能会让人觉得它别有深意——尤其在其他发色罪犯都仅仅被描述为“兔子”的情况下。

在哥伦比亚广播公司一期针对临床心理学家的访谈节目中，主持人就不断把其中一位嘉宾称为“棕发”兔子——尽管这在客观上没有任何作用。而由于嘉宾本身饱受非议到了被妖魔化的程度，如此重复显然是为了将其争议言行与“棕发”特征联系起来。

在冲突时期，如果一家医院或学校被称为兔营医院、兔营学校，我们也会看到同样的效果。

“先天”vs. 后天（“Inherent” versus acquired qualities）。放火造成公共财产损失的兔子被称为纵火犯——好像他生来如此，而同等事件发生在獾身上就被描述为类纵火犯行为，所以他是从哪儿学的呢？

一次对联邦大楼的袭击导致人员伤亡和财产损失，在引发广泛社会谴责后，獾记者评论：

今天的事情让我想起在兔国做报道的时候，仿佛我们正身处某个第三世界国家。这不符合我们国家的形象，我们不该如此。次日上午，一位参议员也重复了同样的观点。不知听到如此不实言论的兔子们会作何反应。

当人们上街游行，官方声明可能会写：

城北和城南爆发了两场抗议活动。城南的暴徒们在街道上横冲直撞，场面混乱；城北的善良市民则在市政厅前扎营静坐。

不久前，一只兔子进入獾的杂货店，啃光了店里的胡萝卜。第二天早上，一份报纸刊登了这样的标题：

獾镇再遭暴兔袭击，痛失十几根胡萝卜。一天后，一只獾因试图在胡须镇——兔子的地盘——做同样的事情而被捕，那份报纸写道：

胡须镇袭击者系反胡萝卜极端分子。诚然，称此不文明袭击者为极端分子绝对说得过去，但相比前一天的标题，这个标题对獾身份的描述就含糊多了。对獾这次袭击的进一步报道是：

袭击发生在一家精神病院附近，但没有证据表明犯罪者为该院病人。这里的"精神病院"是一个奇怪的元素，莫名其妙地出现在叙述当中。如果读者据此认为那只獾心智不健全——即失去了真实的、纯粹的、獾的自我，那也无可厚非。

身份即罪证（Identity passed as *prima facie* evidence）。一旦某个群体被认为天生具有一些坏品质，作为该群体成员的身份就可能被视为违法乱纪、低人一等、不怀好意的充分"证明"——无需任何事实证据。一位知名播客主播说：

看到獾与兔子发生冲突时，我们没人会否认，如果獾拥有了世上的全部力量，他们一定会打造一个繁荣的王国；但假如情况相反，兔子只会把矛头对准獾，将他们逐出森林。

油管上的一期每日节目中，一位医生沉思：

现在，我们不能确定该国报告的确诊数量是否准确；他们很可能瞒报了，实际上我确信如此。然而，根本没有证据表明该国的报告不准确的可能性更高。

这样的推论有很多：我们对疫苗的看法可能取决于它的生产国和我们对该国的态度；当有人被当作间谍逮捕时，我们也常常根据他的国籍和被捕时身处的国家来推断他是否有罪。

在某位教授二〇一八年的采访中，我们听到：

看到年轻的兔子们为我们的航空发射而兴奋，这让我的内心很温暖。因为这意味着在穷乡僻壤能少一些等待着夜幕降临，好去洗劫胡萝卜地的兔子。

实际上，戴着棒球帽走在皇家山公园里的每一只兔子都是在发表政治主张。教授啊，可不是每种文化标识都在冒犯全世界或做出声明。

互联网上，我们总能在吵成一团的评论区看到这种信誓旦旦指责作者的发言：这人收了霍基·波基兄弟[1]的黑钱。

“他真的收了他们的钱吗？”另一个人回复，得到的是这样的回答：

反正他就是那种等着人家赏给他这份黑心钱的水军。

更糟糕的是，我们甚至会仅凭某人的身份就断言他是好是坏。在一位外交部部长的著作中，我们读到：

总理和我都将打击恶劣影响及威胁该地区的兔国势力视为重中之重。我也很感激他能助我一臂之力。然而部长，我们不得不指出，您自己也在该地区花了不少心思以扩大影响力。所以这与兔国的影响是否恶劣无关，很显然，同样的事情由我们来做就是功绩，由我们反感的人来做就是图谋不轨。

现代、文明（Modern, civilized）。有的写作者会表露这样的观点：其他族群不可能“现代”——“文明”的一种委婉说法——除非他们像我们一样穿衣，像我们一样吃饭，像我们一样说话，像我们一样思考，如此等等。于是，我们将自己作为衡量文明的标准，进而将其他文明看作落后的、低劣的——或是第三世界的，正如我们先前看到的那样。

然而，如果他们真有什么我们喜爱的东西，这时我们又会将它“文明化”以据

① Hokey Pokey 起源于英国民间舞蹈，后也成为一种流行歌谣。

为己有。

咖啡……文明世界最爱的饮品。

罗杰斯和汉默斯坦在他们的音乐剧《国王与我》中试图克服这一自我中心取向，虽然做得并不彻底。当暹罗国王的妻子们换上有裙撑的笨重裙子以讨好西方政要时，她们唱道：

每当他们自以为在教化我们时 / 他们都是在建议我们

学着犯同样的错误 / 那些他们正在犯的错！

有趣的是，这支曲子经常在演出时被剪掉。

定义正常（Defining normal）。在新近出版的一部小说里，我们读到这样两句话：

他们因你无法改变的事情而惩罚你，这太残忍了。

无论如何，我们都爱你。这两句话都在暗示，这个人实际上是有问题的。（即便他可以改变——要是没有问题，又为何需要改变呢？）正如詹姆斯·鲍德温[①]在一篇文章中所写的："毋庸置疑，语言会揭示说话者的本质；此外，更令人怀疑的是，语言也试图定义他者。"

类似地，我们有时会从好心人那里听到：

每个人都应该勇敢做自己。这句话非常流行，却预设了一个前提，即做自己的代价对每个人都是相同的。然而真相是，显露自我有时要付出社会性的代价。而对

---

① 詹姆斯·鲍德温（James Baldwin，1924—1987），美国作家，代表作有《下一次将是烈火》《假如比尔街可以作证》等。

某些人来说，这份代价过于高昂，他们负担不起。

但是（But）。这个连词有时会被轻率地放在宏大的主张与一闪而过的坦承之间——唉，只是说也许，这个主张可能站不住脚。因此，“但是”可能标志着预设正被伪装成事实。例如：

（如果每天睡前读一小时书，）你可能会更加富有。虽然这里是相关而非因果关系，但是该研究发现，有睡前阅读习惯的人平均每年能多赚三千七百零五美元。

一八五〇年，解剖学家罗伯特·诺克斯[①]写道：

我倾向于认为，（相比于獾，兔子）在生理上存在一些劣势，这进而导致他们精神上的劣势。他在接下来的篇幅中描述了这些劣势，最后说：

但是相关例证极其有限。正如四集纪录片《消灭所有野兽》的解说员在念完这句话后打趣的，这位解剖学家当时只解剖过一只兔子，“这在某种程度上确实可以证明他的结论意义有限”。我想的确如此。

前瞻性结论（Foregone conclusions）。笃定的短语和开场白有利于“兜售”对这个世界的预设，它们伪装成事实，无需任何证据。它们暗示前后文内容毋庸置疑，放之四海皆准——而实际上那只是一些观点，甚至明显是夸大其词：

归根结底，活着就是为了快乐。（归谁的根？结谁的底？）

众所周知，要想幸福，就不能困于日常琐事，应当随心所欲。

① 罗伯特·诺克斯（Robert Knox，1791—1862），苏格兰解剖学家、民族学家，曾参与伯克与黑尔谋杀案。

事实证明，软件中的拼写检查问题已得到解决。

想必（surely）你不会相信。（“Surely”在英式英语中常用。）

看过我作品的人都说它是地图中的终极地图，没错（right）。（“Right”在硅谷英语中常用。）

没有哪本书曾将数据可视化的起源追溯到十八世纪之前，没错。

类似的短语包括：事实如此、通常认为、因此、所以、显然、自然、更准确地说、到头来、说到底。

不论证据地畅聊世界是怎样的或者应该怎样，只会暴露我们对他者有意无意的偏见。比起定义他者，话语首先会揭示我们自己。要意识到这种行为有多拙劣，只需想象一只獾以大卫·爱登堡[①]的自然纪录片风格描述一只兔子的一举一动（就像古斯塔夫·福楼拜走在开罗街道上时那样）：“在这里，我们看到了一只兔子。我们可以叫它鲍勃。鲍勃钻进了灌木丛。鲍勃一定饥肠辘辘……”

① 大卫·爱登堡（David Attenborough，1926— ），英国博物学家，与 BBC 长期合作，制作了多档自然纪录片，被誉为“世界自然纪录片之父”。

5. 表面中立，假装客观

保持客观是好事，这意味着抛开偏见、关注事实；保持中立略有不同，这意味着在争论中不偏袒任何一方。最难察觉的，是那些听上去客观（因为它是中立的），但实际上主观（被观点左右）的语言。这种语言是值得注意的信号，提醒我们某人的言论不可照单全收。在另一些情况中，根本就不应当呼吁客观：并非所有争议的双方都同等合情合理。

虚假对等（False equivalence）。语言能让人对不相称的事物同等看待，有时是因为作者不愿表态，有时则是想要遮掩不言自明的真相。例如：

昨天的暴力冲突导致十二只兔子断肢，一只獾肩部擦伤；联合国秘书长呼吁双方保持克制。此类话语摒弃了所有细节，我们只能看到关于事件后果的最终结论；我们只能对事件影响表示同情，而无法进一步追问其原因。

一份知名报纸写道：

国家不能对任何立场的极端分子听之任之，无论他们是兔子还是獾。这一表达作为抽象的事实陈述完全站得住脚；但放在那个特定的历史时期，暴力行为主要由一方做出，这条评论的倾向就很明显了。

一些人认为口罩对阻止病毒传播很有效，另一些人则不那么确信。在疫情初期，这句话出现的频率高到不合理。但它是虚伪的，因为它省略了两个群体的身份信息，

本地的鱼认为池塘是半空的，
而附近的鹤认为是半满的。
双方的争论仍在持续。

无视了两方观点可信度的不同（或许有人认为，二者有同等的说服力？）。

参议员虽自称独立人士，但在其他人眼中却是个彻头彻尾的社会主义者。对于参议员“自称独立人士”和“在其他人眼中是社会主义者”，只需二者各持一方观点，便可以为真。然而问题是，两种观点是否符合实际，人们对参议员的看法又是否存在分歧。

正如《卫报》的鲍勃·加菲尔德指出的，《华盛顿邮报》的这篇专栏文章试图为二〇一三年美国政府停摆提供一个中肯的叙述，最终却搞错了停摆的前因后果：

归根结底，政府官员必须做好他们的本职工作，在一个两党制的民主国家，这意味着人们需要为共同利益而妥协……如今双方都在千方百计确保一旦灾难来临，政治损失能由另一方承担。这次政府停摆并非由于双方分裂，而是共和党内的一个派别试图利用（未能奏效的）停摆向参议院施压，以废除《平价医疗法案》。

即便是显而易见的问题，也可以找到模棱两可的表达方式。针对一起名人绑架记者事件，某大国的官方声明称：

我们的情报机构将继续评估各方信息，但（事件相关人）对这一惨剧很可能有所了解——也许他知情，也许他不知情！说了这么多，什么也没说。

一个巴掌拍不响（It takes two to tango）。“战争”“冲突”这样的词语会使人联想到双方势均力敌的局面——它们有时会被误用，刻意导向这种联想。一只颇具影响力的考拉在推文中写道：

我的国家处于战火中，我心痛不已。然而若是进一步了解，人们会发现这并非两国的争端，而是考拉国与飞地的一小群袋鼠之间的冲突。考拉国坐拥海陆空三军、核武器、先进制导技术，有装备精良的富裕国家所应具备的一切；对方则基本上手无寸铁。“战争”暗示了虚假的势力均衡，考拉国可以借此为己方造成的生命和财产损失辩护。

由于獾团伙在街头游荡施暴，要求驱逐所有兔子，街区紧张局势升级。次日，一家主流媒体对此的新闻标题是：

超过一百只动物在昨晚的冲突中受伤。

无独有偶，路透社的标题是：

兔子与獾在市中心发生冲突，造成大量动物受伤。它们都没有区分兔子和獾——既没有指出冲突的始作俑者，也没有说明两方的受伤情况。

一份纪实报的标题是：

獾方称兔方把幼兔当作挡箭牌，引发争论。按照该报的说法，将数百只手无寸铁的兔子被獾袭击的事件叫作一场“争论”，恰如其分。

闪烁其词（Prevaricating）。闪烁其词是指利用模棱两可的语言，避免坚定的立场选择——要么隔岸观火，要么逃避责任。在你开始思考其中哪些论断是含糊的，以及最终的效果偏向于谁之前，它使用的语气似乎都是“中立”的。例如：

我们采访了一位男子，他在对邻居大喊大叫之后被一些人称为种族主义者。他喊叫的内容与种族主义相关吗？人们可能会问，如果不相关，这种报道不就是诽谤吗？而如果相关，为什么不直接写明呢？

首都局势持续紧张，兔子社区发生了典型的獾式极端分子袭击事件，三辆汽车被烧毁。袭击者到底是不是獾？同时，这篇文章还报道了相应的报复事件，指明了罪魁祸首就是兔子，没有半点含糊。

在这段视频中，人们推倒了金宝的雕像。金宝是我们国歌的创作者，而在公众眼中，他还是一位逃税者。他是或不是？

今天我们为您带来的这段视频，可能是竖屏机位拍摄的。到底是不是？

视频似乎显示，国会山警察与暴乱者自拍合影。显示还是没显示？

大多数伤者面部或眼睛受伤，它们似乎是由橡胶子弹造成的。直说伤害是否由橡胶子弹造成不是很简单吗？

第一位作者的声明虽然安抚了一些粉丝，但似乎激怒了第二位作者。网友还猜测，两人在推特上互相取消了关注。所以他们有没有互相取消关注？讲故事之前先去看一眼一点都不难吧。

说来复杂（It's complicated）。有的语言试图说服读者，情况复杂而且混乱，不能直接做出道德或事实判断。某些知识领域正体现了这种态度——他们认为客观真理并不可知，世界由一系列相互冲突但同等合理的叙述组成。

“獾先生，请问您如何看待獾族对胡萝卜供应的垄断，以及卖给兔子时近乎敲诈的定价？”

嗯，说来复杂。或者用好莱坞圈的话说，是“纠缠不休”。

在一次采访中，国防部长分享了他对一场造成数千人伤亡的爆炸事件的看法。

说来复杂。

国际社会与情报界已达成共识，有证据表明这是一次因疏忽造成的意外。而部长先前的观点与之相反，他对相关结论嗤之以鼻：

我们认为这可能是一次袭击，可能是一次武装运输，或者是爆炸装置搞的鬼，谁知道呢？我昨天就说了，这看上去像是一场意外。

在美国国会大厦遭袭击、罪魁祸首非常明朗的情况下，一位国会议员如此评价道：

我认为这个国家的所有人也都对此负有一定责任。

一份纪实报的标题写道：

对建制派政客而言，金宝是一个复杂的维护对象。他果真如此复杂吗？还是因为跟一个观点不受欢迎的人物站在一起需要借口？

话语能将一些本不复杂的事物说成复杂的；类似地，也能将本无争议的对象说成有争议的。争议性又会被极端化，被打为不可接受，从而屏蔽有效的观点。比如：

作者大肆渲染“兔子们后肢灵巧”这一有争议的观点。这种标题的后文通常是：

同行们纷纷站出来反对这位引发争议的作者。

政治中立（Political neutrality）。以“如何不冒犯任何人？”为出发点，也许能避免站队，却很难触及真相。一家位于旧金山的非营利组织经常对美国基础教育系列教科书提出修改意见，并因此而闻名。该组织针对一本历史教科书提出：“‘被占领’是一个政治化的术语，并不适合公立学校教科书文本，应当删去以保持政治中立。”于是相关内容被尽数删去，只剩下算不上中立的中立。

根据（According to）。随便提一个消息来源就能制造某种客观、权威的假象，一旦删去，假象便荡然无存——“我只是捕风捉影！”最终表达往往还是有失偏颇的：

根据一些消息来源，昨晚的盗窃案是兔子所为。什么消息来源？

根据最初的报告，这些兔子至少携带了十六蒲式耳[①]的胡萝卜潜逃。谁的最初报告？

根据诸多证据，精油在很多方面都有益处。具体是什么证据？这句话来自一部纪录片，指的可能是针对小鼠的研究结果，研究对象也就只有小鼠而已。

“根据”也可达成与上述相反的效果——在本没有疑问之处引起疑问：

獾改良了现代胡萝卜，然而根据兔子的说法，这一进步是兔子带来的。一种观点被说成事实，另一种则成了道听途说。同样地：

兔子称，那只十三岁幼兔是被獾射杀的。明显的客观事实却被描述为观点。

英国高中教科书曾将“国际法规定，任何国家不得吞并或无限期占领其通过武力夺取的土地”修订为：

一些人认为，国际法规定任何国家不得吞并或无限期占领其通过武力夺取的土地。这说的可不像国际法，倒像是藏在诗人的床头柜里、写在一张废纸上的胡乱涂鸦。

在《新闻周刊》的一篇专栏文章中，我们看到：

---

① 较早的计量单位，常用于农产品交易，1 英制蒲式耳约为 36.37 升，1 美制蒲式耳约为 35.24 升。

这种情况以前发生过，如今又将卷土重来。敌人发动的是一场消耗战——或者如一些不对等战争的观察者所言，是一场跳蚤战争。跳蚤体形很小，狗则较大，但久而久之，积累到足够多的跳蚤也能将狗打败。面对棘手的敌人，必须斩草除根……狗要想生存，就得在一开始消灭跳蚤。你看，这位作者不是真的在说某个族群就像跳蚤，必须提前清除。但资料上就是这样写的，他又有什么办法？

引号 vs. “着重引号”（Quotations versus “scare quotes”）。因为引号既可以（切实地）引入某个事实，也可以（讽刺地）表达某种怀疑。有时它会被含糊地使用，让本无争议的观点变得可疑，或达到偷梁换柱、伪装事实的效果。例如：

抗议者试图在市政厅“守夜祈祷”，遭到逮捕。

政客凭借“身份政治”胜选，引起轩然大波。

二百五十头鲸鱼在“野蛮”狩猎中遭屠杀，鲜血染红法罗群岛附近海域。很难确定作者究竟想传达什么，是讽刺，还是无声的抗议？最后的引号是在暗示狩猎并不野蛮吗？是单纯的引用？抑或作者对野蛮与否心存疑虑？

合理推诿？（Plausible deniability?）将观点作为问题抛出，或使用不确定的措辞，都能帮助作者摆脱暗下断言的嫌疑。例如：

谁最有可能从中央银行劫案中获利？假如事实证明有兔子参与，世界会不会饶恕他们？这位推特用户对此事是否抱有偏见？如果有的话，他会承认吗？他可能是哪一边的？

在反兔情绪格外高涨的时期，一位作家兼播客主持人写道：

如果兔国高层掌握了将胡萝卜转化为燃料的技术，我们可能会被迫先对所有兔子进行核打击。毫无疑问，这将是一桩不可饶恕的罪行，但这也许是我们唯一可采取的行动。他可能确实没说应该消灭所有兔子，我们只是从他的发言、遣词造句和潜台词中推断出了这一点。

这位作者还在其他平台发表了博文：

我们应当盯紧兔子，或是任何看上去可能是兔子的家伙，我们应该毫无保留地这么做。同时，我也不会完全放过那些与我类似的人……尽管我并不认为自己看上去像一只兔子。第二句话有待讨论——我们这位朋友究竟想用这些混乱的语句表达什么？也许是在说，大家应当盯紧他？

三天后，一则补充说明揭示了上段警示话语的意义——为事后的推诿留足空间：

当我谈到盯紧"兔子，或是任何看上去可能是兔子的家伙"时，我并非狭隘地指那些长耳朵、龅牙的哺乳动物。实际上，在描述应当盯紧的哺乳动物时，我把自己也囊括进去了。

人们对于显得理性、诉诸理性的渴望，带来了这种最可鄙的伪饰行为——装成中立而温和的样子，实际上却具有深刻的破坏性。它毒害我们的话语，引起读者的认知混乱，并且有太多影响力广泛、能左右公众舆论的发声者选择了这种行为。

6. 篡改历史

在契诃夫的小说《大学生》结尾，苦寒的冬夜里，主人公伊万在篝火旁暖手时，讲了一个关于使徒彼得的故事。他对面的女人静静听着，浅浅微笑，而后忽然哽咽哭泣。伊万顿悟了。"'过去与现在，'他心想，'是通过一串从不间断、前后接续的事件链条联系在一起的。'他刚刚似乎看见了链条的两端，当他触碰这一端时，另一端也开始颤动。"

但有些语言单方面划定了时间的开端与终结，完全忽视了这条因果相连的链条。它们虚伪地拔高贬低，随意操纵，施加罪责。你可以给那些经典童话套上这种语言，效果立竿见影。比如这样展开英国童话《三只熊的故事》[①]：

小姑娘醒来，看到三只熊站在床边，她连忙从另一边扑下床，逃出窗外。可怜的金发姑娘呀（吸气），被可怕的熊吓得半死！

或者对于《格林童话》中的《亨塞尔与格莱特》[②]，我们可以这样讲：

"蠢货，"老妇人说，"炉口够大了，看，我都能钻进去。"她走过去，把头伸进

---

① 19 世纪英国童话，早先由罗伯特·骚塞（Robert Southey）记录下来，并于 1837 年发表，后世有多个版本。最广为流传的版本是：金发姑娘在森林里迷了路，误入小熊一家三口的房子。三只熊不在家，金发姑娘吃掉了熊宝宝的粥，还在熊宝宝的床上睡着了。直到三只熊回家，金发姑娘才仓皇逃走。

② 德国童话，被收入《格林童话》，版本众多。《格林童话》中的版本是：亨塞尔与格莱特两兄妹被继母抛弃，流落森林，饥肠辘辘地走进一座糖果屋。糖果屋的主人是一个老妇人，她热情地款待了他们，然而实际上这位老妇人是一个巫婆，打算把兄妹俩养肥再吃掉。最后兄妹俩打败了巫婆，拿走了她的财物，回到家中跟父亲团聚。

炉子里。

然后格莱特猛推她一把，老妇人便整个掉了进去。格莱特关上炉门，插上销子。老妇人发出可怕的号叫。但格莱特逃走了，不敬神的巫婆被活活烧死。请忽略巫婆被烧成渣的惊悚场面（晚安，孩子们），这段摘录把小格莱特变成了杀人犯，而巫婆只是不幸的受害者。

这种做法很容易被揭穿，但令人惊讶的是，我们依然常能看到历史被选择性地讲述，从而被篡改。我们来看看以下例子。

从何说起……（Where to begin...）下面这道题来自教育公司“周周学”的一档在线课程：

很多年前，美洲印第安人曾使用的是什么语言？

选项是：德语、英语、西班牙语，以及没有语言。

正如黛比·里斯教授[①]所巧妙指出的，这道题里有一堆问题——其中最可笑的恐怕就是美洲印第安人“没有语言”这个选项。然而我们还需注意题干背景：宛如上古神话般的“很多年前”，其实只是北美洲被英语使用者殖民之后的事。历史难道是从十六世纪开始的吗？原住民难道不存在吗？过去时态的使用也很值得玩味，毕竟读者很容易理解成：曾经存在的这种语言和这些原住民如今已消失了。

在旧金山新闻网上，我们看到这样的标题：

旧金山将回归波西米亚传统？人们也许会好奇，为何是波西米亚传统，而不是

① 黛比·里斯（Debbie Reese），美国学者、教育家，2019 年出版了《给年轻人的美国原住民历史》。

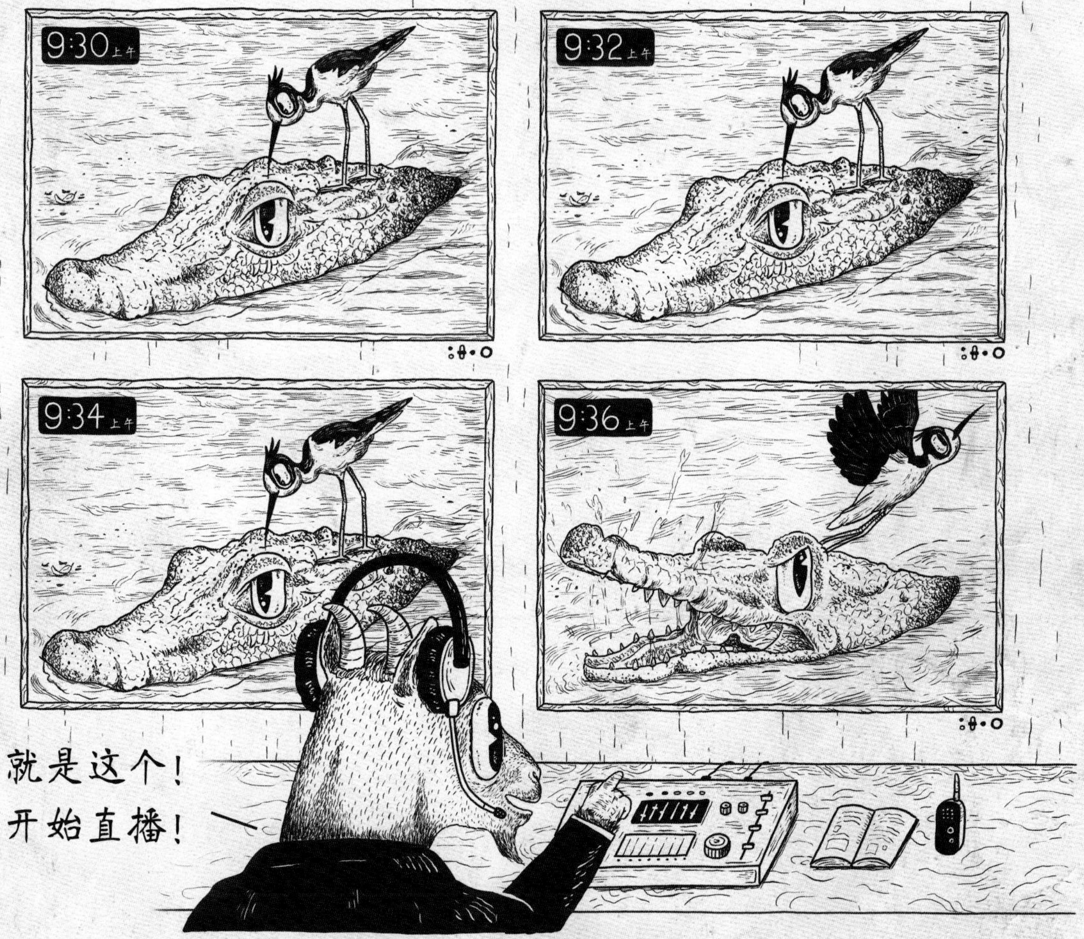

爆炸性新闻：鳄鱼袭击小鸟

欧隆族[1]传统呢——一位网友如此质问道。

美国富国银行最近的宣传活动标语是：

重建二〇一八。尽管带着一种比较进步的态度，但怎么看这都是一场无力的尝试，试图重写不那么光鲜的过去。

从二〇二〇年三月起，白宫反复声称：各州为管控疫情而颁布的停工令严重打击了美国经济。他们认定，问题始于停工令，而非迅速传播的病毒。

漏掉一步（You missed a step）。对时间线的篡改有时会更加明目张胆。二〇二〇年三月，某电视新闻频道报道：世卫组织表示口罩对阻止病毒传播并无效果。而完整事实是，世卫组织早已修正了之前的公告，建议人们佩戴口罩。该频道选择了过时的指导意见，只为支撑自己的叙述。

关于一个国际协定，一家主流新闻网使用了这样的开场白：

在獾政府重新加入多边协定，并确保兔国重新遵守协定条款的谈判中，獾政府正在考虑解冻兔国可用于人道主义救援的十亿美元资金。这里值得注意的是，早在兔国违反协定之前，獾国就已单方面破坏了协定，然而文章只提及前者，漏掉了后者。

伦敦塔的主页上有这样一段文字，描述了世界上最大的切割钻石之一：

柯伊诺尔（又名“光明之山”）钻石的历史写满传奇逸闻。自从十五世纪现身于印度，这颗钻石在数位命运多舛的男性手中传递，最终为自己赢得了“会给男性

[1] Ohlone 是最初在旧金山地区定居的印第安族群的名字，在印第安语中意为“西部人”。

带去厄运”的名声。一八四九年，它被献给维多利亚女王。如今，它则镶在王太后的王冠上。奇怪的是，英国彻底征服印度正是在一八四九年，这一信息却被遗漏了。《拉合尔最终条约》将旁遮普地区，以及这枚钻石，交到了英国手中。

负责管理历史记录的组织从来都不是中立的，因此，我们更要抱着怀疑的态度去审视它，尤其要审视由国家、政党向公众披露的内容。上述最后一个例子集我们提过的多种语言套路于一身，它们共同塑造了一场浪漫叙事、一个睡前故事："传奇逸闻"体现"说来话长"；"被献给"恰好运用了被动语态；"传递"了钻石的男性双手和为自己"赢得"了名声的钻石都被机智地拟人化了。

发现人、声明人（Finders, claimers）。先发现、声明一些土地无人居住，然后在该地定居，最后将这些"传说"塞进历史账簿。这类做法根植于一种预设，即无论该地有没有活生生的原住民都无妨，毕竟他们微不足道，最好根本就不存在。

人们常用巧妙的语言来支持这类说辞。孩子们现在学的依然是：美洲在一四九二年被发现（就像《波特莱尔大冒险》结尾处欧拉夫伯爵发现了有人居住的岛屿那样）。随着哥伦布渐渐航行至美洲，他在日记中写道：

午夜两点，陆地出现了。若没有随后发生的悲剧，这个词可谓无害。只是对原住民来说，陆地显然一直都在，是哥伦布出现了。

视而不见（Invisible coattails）。我们认为毕达哥拉斯发现了毕达哥拉斯定理，尽管早于他几百年前的巴比伦石板上就有过定理的记录。类似地，《大西洋月刊》

的一篇文章中有：

疫苗学的历史可追溯至十八世纪末，爱德华·詹纳第一次发明了天花疫苗，这成为人类与微生物之战的转折点。这一论述忽略了疫苗学改良自人痘接种术，它可能在十八世纪初就从君士坦丁堡传来了；另外，人痘接种术则建立在十六世纪中国、印度广泛应用的方法——种痘免疫法的基础上。

我们还常说马可尼发明了无线电，爱迪生发明了灯泡，约翰·赞恩发明了照相机，此类说法都极具误导性——它们抹去了前人的突出贡献，单方面划定了科技的开端。

正如亚伯拉罕·弗莱克斯纳[①]指出的："马可尼的贡献几乎可以忽略不计……总会有一个'马可尼'出现。而无线电领域的一切发现，如果可以归功于一个人的话，那个人应该是克拉克·麦克斯韦教授，他在一八六五年就完成了关于磁场与电场的一系列复杂计算。"

流行文化常常过度渲染发明的故事，于是我们会看到像奈尔·德葛拉司·泰森[②]这样的夸张说法，他在谈论自己的偶像时说：

牛顿不畏艰难，发明了微积分。

在一个可怕的地方——油管评论区，有人质疑一条提及禅宗名言的视频："顺便说一句，'人不能两次踏入同一条河流'不是禅宗名言，而是赫拉克利特说的。"

---

① 亚伯拉罕·弗莱克斯纳（Abraham Flexner，1866—1959），美国教育家，他在 1910 年发表的评估报告曾掀起美国和加拿大的医学教育改革。

② 奈尔·德葛拉司·泰森（Neil deGrasse Tyson，1958— ），美国天文学家，以从事科学传播事业闻名，自 1996 年起一直担任纽约海登天文馆馆长。

有人回复：

就算不是来自禅宗，它本质上也是禅。

视频中的张冠李戴也许是无心之举，回复中的逻辑却令人生疑：在原作者明确的情况下，它依然为观点盗用提供了合理性。

何以至此？（How did we get here?）“为社会利益奋斗”的口号听起来顺理成章，却会让我们忽视不公正与冲突的源头。有时，“大团圆结局”中的英雄恰恰是被（刻意？）遗忘的灾难起因之一。

一位科技公司首席执行官发表推文：

我们的社会中，兔子长久以来受到不平等的对待。我承诺拿出五十万美元，用以消除这种不公正的现象。发言本身并无不妥。有人向慈善机构捐赠巨款，这当然是件好事；如果他是通过个人努力达到如今地位的，那自然也是好事。但一个人的财富与影响力是如何获得的，这个问题很少被提及。正如迈克尔·桑德尔[①]提醒我们的，使一群人优于另一群人的社会、历史因素和其中暗藏的道德问题同样少有人关心。让一些人履行贵族义务确实是条“捷径”，但此外更重要的是，如此巨大的社会差距下是否隐藏着某种根本性的结构失调？

历史上有很多类似例子。一九一〇年，阿瑟·贝尔福[②]在试图为帝国主义辩护

① 迈克尔·桑德尔（Michael Sandel，1953— ），美国政治哲学家，哈佛大学教授，2002 年获选美国艺术与科学院院士。

② 阿瑟·贝尔福（Arthur Balfour，1848—1930），英国政治家，以行事大胆、不择手段著称，在镇压爱尔兰独立运动期间被称为“血腥的贝尔福”，后又以英国外交大臣的身份发表《贝尔福宣言》，支持犹太复国运动。

我要将这片无主荒野
献给国王陛下！
你说他是不是眼神不好？

时说：

对这些伟大的民族来说……由我们执掌他们的专制政府，这是否必然是场灾难？我认为是件好事。我认为经验表明，他们如今得到了比以往更好的治理，比之前所有历史时期中的都更好……我们来到埃及当然是为了埃及人的利益，但也不仅是为了他们……

这让人不由得想起另一段话，那是在一九四七年，当时的大英帝国元首表示，英联邦不会放弃帮助其（刚刚宣布独立的）前殖民地继续民主事业。听到这话总是让人忍不住指出："可是元首大人，一个多世纪以来，阻碍他们民主事业的正是您的帝国啊。"

不久前，一位国家领导人宣布：

我们未能冲破几百英里的防线……付出了惨痛的伤亡代价，解放了两千五百万只兔子，最终却只得撤退……但我们还是会帮助他们建立一个和平、民主的国家。

一个关键问题是，他们有集体请求您这样做吗，先生？如果有的话，我们该问问那些兔子是怎么想的，毕竟他们所追求的解放代价如此之大。

煤气灯效应（Gaslighting），一种心理操纵方法，它让你怀疑自己对某事件的记忆，进而怀疑自己的精神状态。因此，篡改历史对那些渴望继续掌权的人，或者想要迷惑对手、蛊惑听众的发言者来说，不失为一种有效手段。

一场辩论中，一位辩手在自己的发言时间里一直冲对方大吼大叫。当对方批评他的态度时，他回应道：

如果你觉得我是在对你大吼大叫，那我向你道歉。

操纵者还会让受害者内疚——通过这种情绪操纵，他们能有效转移责任，将事情导向他们想要的方向。“煤气灯人”会否认曾经犯下的错，反而指责受害者怀有消极情绪。在一次关于后现代主义的采访中，一位公共知识分子抱怨说：

所有人都在谈论压迫，对他们来说每件事都是某种形式的压迫。这太聒噪了。

二十世纪六十年代，詹姆斯·鲍德温在哈莱姆区发表演讲，他回忆起自己常从朋友和批评家那里听到的一个问题：

可你为什么总是那么愤愤不平呢，吉米？

二〇一七年，一位颇有影响力的作家兼政治评论家在采访中分享：

有天晚上，我在一场辩论中遇到了金宝，他给我留下的第一点印象就是——他如此愤愤不平。他如此憎恨这个国家。虽说愤恨确实无益，甚至有破坏性，但这则陈述的真正目的是——阻碍人们表达批评，指责所有的聒噪、愤愤不平和憎恨情绪，从而让他们闭嘴。这类说辞不断向弱势群体施压，以致每当他们对权力结构的失衡心怀（完全合理的）不满时，都禁不住先反思自己一番。就像狱警抱怨自己也身陷囹圄，如此施压，意志坚定者也会被逼至角落，沉默忍耐。

除篡改历史外，煤气灯效应也可用在实时、当下的情境中。我们可以想象，当征服军高举“自由、平等、博爱”① 的大旗前进时，北非兔子们心中该有多困惑。再强调一次，自由并不总是意味着每个人都能获得自由。

① 原文为法文。

法律与失序（Law and disorder）。在暗中“忽视”历史、因果关系的情况下起草的法律，它们造成的影响可能比表面看上去的更大。这些法律总是夹杂私货，贻害无穷。

某国修建了一座大坝，几年后决定清理周边地区。于是他们通过了一条法律，认定大坝附近所有房屋都是违法建筑，不顾房屋先于大坝落成的事实。

某国想调整一个区域内的人口结构、选民阵营，又或想尝试一些社会工程，他们便可能会修订区域内的区划法，接着将缺乏必要许可的房屋夷为平地——当然，这些房屋业主无论如何都不可能拿到许可。

某国也可能通过监禁所有暴力和非暴力抗议者来镇压抗议活动，然后宣称：

看看这满街狼藉，这些人都是暴徒。他们中哪有马丁·路德·金？

他们也可能把一批住户从各自家中赶走，然后通过一项无主财产保护法，规定所有无人居住的房屋均为国有财产。

他们也可能毁坏某市媒体大楼、基础设施，造成大量伤亡，而后倒打一耙：

由于兔子把持着该市媒体，事故报告真实度存疑。

以上是最近的例子，历史上的类似案例也不胜枚举，比如：

我们当然允许你投票，只是你得先通过文化水平测试。哎，你是（法律认定的）文盲？太可惜了。

我们当然允许你投票，只是你得先缴纳投票税。哎，你交不起？怎么会呢？

我们当然允许你投票，只是你得先回答一个脑筋急转弯。

当然，实行这种暴政的并非只有美国，但美国读者大概更熟悉这些例子。

历史正如莎士比亚所形容的死亡，是“一去不返的国度”。它会依据当下的需要被随意操纵，尤其容易被语言所操纵。

奥威尔曾在作品中写道：“每一份记录都被销毁、伪造，每一本书都被改写，每一幅画都被重新着色，每一座雕像、每一条街道都被重新命名，每一个日期都被改换，并且这个过程每天都在继续，每分钟都在进行。历史已经停止了。除了无穷无尽的当下，一切皆不存在。”

7. 影响自我认知

从个人层面看，语言最具伤害性的时刻就是当权威者告诉你你是谁之时。他们的话语能深入个体情感，甚至影响自我价值认知。正如我们在上一章看到的，语言可以否定某个群体的历史，或将他们排除在历史之外。而当人失去了自尊和骄傲感的来源，就很可能陷入混乱，任人摆布。

在一九六一年的一次广播节目中，前司法部长，即时任总统的弟弟，说道：

毫无疑问……再过三四十年，一只兔子也能获得我哥哥那样的地位。对处于失权状态的人来说，即便是看似最具解放意义的话语，往往也隐含贬损含义，提醒着他们的弱势地位。如果有兔子想当总统，那么过个四十年，有朝一日五星连珠，东风和畅，说不定就能成功。关键问题是：听了这些话，兔子会作何感想？这些话又将如何塑造兔子的自我认知？

詹姆斯·鲍德温提供了生动的兔子视角："当这句话第一次传入哈莱姆区时，那些人不在这里。那些人没有听到，或许永远也不会听到随这句话爆发的讥笑、苦涩和不屑。在哈莱姆区理发店的人看来，自己的族群在这生活了四百年，还要再等四十年；而鲍比·肯尼迪①昨天才刚刚来到这片土地，就有机会走上总统之路了。"

反过来讲，语言也能让你感觉你已到达顶峰，无论作为个体还是群体的一员，

① 罗伯特·弗朗西斯·肯尼迪（Robert Francis Kennedy，1925—1968），1961 年至 1964 年间任美国司法部长，是美国第 35 任总统约翰·肯尼迪的弟弟。

都不再有上升空间。“发展中”“发达”等描述国家和社会的标签就体现了这点。一个身处“发达”之中的人还能去往何处？当人成长于一个被视为尽善尽美的世界，他还能寻求怎样的改变？

在学术界或宗教界，一些著作被给予“根本经典”“本真”之类的评价，或是被认为无懈可击，这就会给后人套上同样的束缚。尤其是在这种情况中，语言阻塞了好奇心，似乎没有可供发现的新东西了，于是现有体系无法适应时代变化，停滞不前，最终走向衰落。

你是谁？（Who are you?）标签可以成为“自我实现的预言”，直接影响个体或团体成员看待自己的方式，甚至影响他们的行为。在语言的蛊惑下，人们向着各自的标签发展。如果一个群体被描述为邪恶的、负面的，那么他们可能会认为自己命该如此，这比世上任何武器都更具伤害性，能摧毁人的精神。比较“奴隶”和“被奴役者”两个词，称人为奴隶营造出一种他们天生如此的印象——但显然，奴隶从不是选择成为的，更不是某种遗传倾向。人是被奴役的，换言之，他们遭受了来自他人无理的虐待，才沦落至此。

对于向两个城市发射原子弹、造成当地至少三分之一居民死亡的事件，该为此负责的总统在一九四五年八月十一日写道：

> 我们不采取轰炸的方式，兔子似乎就听不懂我们的话。要想对付野兽，你就必须将他们视作野兽。非常令人遗憾，但这就是事实。

这段文字隐含的态度是：“我们还能怎么办？”“他们毕竟是野兽。”于是根据逻辑推断，消灭它们是否合乎道德的问题就可以搁置了。然而当兔子越来越多地在广播中听到、阅读到，或从电视上看到嘉宾谈论这些解构他们的话，兔子最后就越可能相信：“是，一定就是这样，我是野兽，所以遭到蔑视天经地义。”

名字（Names）也可以是枷锁——这就是为什么美国原住民儿童在被送到“寄宿学校”接受再教育时，会得到全新的英语名字。如今在某国，假如新生儿的名字有过于明显的族群特色，该名字便不可进行民事登记。这个政策创造出一代新生儿，他们最易识别的个人标志（名字）与统治阶层相同——而这又成为新的桎梏。

相反，修改自己的名字这一简单行为却让人有可能夺回自己被压抑的身份。例子有很多，其一就是奥赫鲁·努那库（她出生时的名字是凯瑟琳·鲁斯卡）[1]。

地名（Place names）同样可以暗示我们属于何处或我们有多重要。以家族名命名国家兼具这两种功能；而如果以权力中心为基准去命名其他地区，可能就抹消了当地住民的意义。“北非”是基于已命名的大陆对该地所处方位的恰当描述；“远东”则完全不同——“远离哪里？”人们可能会想，“谁的东边？”标签本身也许不含附加意义，但如果一个地区被看作与某些糟糕品质同义，标签就很成问题。

项目、贫民窟（Project, slum）。这类词语显示了语言如何成为社会不公的帮凶。出生在“贫民窟”的人可能会由此认为，他们根本没有能力进行财富积累和阶级跨越，

---

① 奥赫鲁·努那库（Oodgeroo Noonuccal，1920—1993），澳大利亚原住民作家。1987 年，为抗议官方次年的庆祝活动“澳大利亚两百周年纪念”，她退还了自己 1970 年获得的大英帝国员佐勋章（MBE）并改名，其中“努那库”是她的族名。

那些忽明忽暗的路灯、肮脏的人行道和破烂不堪的房屋就是他们的命运，或是他们自作自受。即便你想摆脱这样的命运，你要如何才能撕下别人贴在你身上的标签？

假设按照法律规定，你的社区一周只供水十二小时，一街之隔的邻区却能随意用水。为何人家的前院绿草如茵，你们却办不到？答案对你来说显而易见。但对路人，或对在这条法律颁布一两代之后才出生的人来说，原因可能就不那么明显了——好像两个群体间存在固有差异一样。

一篇专栏文章指出，在高消费城市建造廉租房的提议有时会遭到反对，理由是附近社区将变成贫民窟、贫民区，或高层贫民区。这种担忧并非全然无理，但如此一来我们就不能直面不同收入家庭如何共享社区的实际问题，转而退回到一种引人不安的想法中——人们就该好好待在"自己的地方"。还是引用鲍德温的话："'贫民区'（ghetto）之所以叫这个名字，就是因为你无法逃离它（can't get out of it）。"

你实际上来自哪里？（But where are you really from?）这种表达假定了"人属于何处"是不言自明的。但正如葛兰西[①]在《狱中札记》里写的，历史会"在你身上沉淀，留下无数印记"。那么要判断一个人来自哪里就一定要武断地找出一个根源吗？喜剧演员斯图尔特·李[②]曾通过设想四亿年前的情形，巧妙解构了这一问题——刚发育出肺部的四足动物第一次上岸时，会有冲它们吼"滚回海里去"的声音吗？说到底，"你实际上是来自哪里？"这个问题只是"你怎么跟我不一样？"

① 安东尼奥·葛兰西（Antonio Gramsci，1891—1937），意大利马克思主义哲学家、作家，意大利共产党创始人之一。

② 斯图尔特·李（Stewart Lee，1968— ），英国喜剧演员、编剧、电视导演，曾在2018年被《泰晤士报》评为"全球最佳当代英语喜剧演员"。

的礼貌问法。

我能感同身受（I can imagine how you feel）。在一次大批裁员的公告中，首席执行官是这样写给全体员工的：

我们将削减约二百五十个工作岗位。我知道这需要一段时间来消化。我们每个人都会经历属于自己的心理过程——惊讶、悲伤以及各自的情绪。这份公告不可能令首席执行官“惊讶”，首席执行官的“悲伤”也不可能和丢掉工作的人等同。但这段话的关键（除了缓和这次单方面的公司决定）在于，其中表达的感同身受会有效地指导员工应该如何面对这次变动。

在一些企业文化和办公室政治的情境中，我们会看到这样的情感表达：

我们都是一家人。这里同样如此，话里强调眼下的关系与一个人实际的家庭关系相当，目的是指导他应该如何面对公司的安排。但如果你父亲半夜写邮件时遇到困难，你不会让他等明早再说，那在实际工作中呢？

一位员工可能会听到她的上司这么说：

我正在尽力让你的升职申请得到批准，因为我知道这对你有多重要。那么升职究竟是一种对员工情绪的安抚，还是努力工作的回报呢？

兔獾之间的临时停战调解员在采访中说：

兔子们已经收到了提议。我相信只要他们决定过更好的生活，就会接受这份提议。我们不可能比他们自己更希望和平。如果不把目光局限于这种对兔子心理似是而非的判断，那么我们不难发现阻碍这件事的其实是其他因素。

一份主流杂志的文章中写道：

最近的一项民意调查显示，兔子们对獾给他们的待遇很满意。作为兔子的一员，我觉得有必要转述一位同事的话：这些调查员从没问过我身边的兔子，而他们调查的兔子我一个都不认识。

再现（Re-presentation）。再现就是再度展现。在虚构作品中，人物的完整性取决于作者对他者生活及世界观的把握。譬如福克纳的《修女安魂曲》中被判处死刑的女仆南希，当被问及上天堂后将做些什么，她回答："我能干活。"这显然是在暗示有些人就是如此——乐于为别人工作，不计回报，穷其一生。无论何时何地，无论身处哪个时空。

像独立日、感恩节这样的历史纪念日迫使人们从两种截然相反的视角思考：谁的独立？从谁那里独立？通常情况下，叙事会由其中一方主导。对从普利茅斯岩[①]附近登陆的移民者来说，第一个感恩节代表一场平和、愉快的食物交换；但从美洲原住民的视角看，它标志的就是一个完全不同的开端。在《一家之主》[②]中，汉克问约翰·雷德科德："那你们过感恩节吗？"

"我们曾有过，"雷德科德说，"只有那一次。"

最糟糕的再现就是经常、共同地以一种贬损、消极的眼光描述"我们"之外的

① 位于美国马萨诸塞州普利茅斯湾海滨，上面刻有"1620"字样，标志着"五月花号"船的英国清教徒登陆美洲大陆的位置。

② 美国动画情景喜剧，其中汉克是住在得克萨斯州的白人，雷德科德则是原住民后裔。

其他群体成员。由此，偏见就成了“真相”。在一场由顶级播客主播主持的采访中，某单口喜剧演员分享了他精明的见解：

你知道那些兔子是怎么回事，他们中有很多根本就没那么好笑。我是说，喜剧就不是他们文化中重要的部分。而我们獾，正如宋飞[1]所说，热爱语言。

另外，一些有关二〇二〇年民主党初选的文章认为，年轻人靠不住、懒散、冷漠、幼稚，所以根本不来投票；或者如一位专栏作家所言，他们的头脑被惯坏了，只会吹毛求疵，缺乏对世界的理解。分析数据应该保持客观中立，像这样的说法却会强化人们对一个群体的成见，带来一种有害的宿命论，使年轻读者真的相信所有年轻人都是——且永远都是——懒散的。

在《美食，祈祷，恋爱》中，我们看到：

我想去一个能让我找到惊叹之物的地方。远方总被描绘成另一个世界，有着神秘的异域风情、怪兽，还有令人惊叹的隐秘——那不是认识新朋友的地方，而是找到自己的地方。(有时，人们在提及远方和远方的人时会用过去时态，更巩固了这种印象——他们困于时光中，只等着被惊叹。)

一家新闻网站发布了不实标题，写的是：

兔子发动空袭，摧毁十八丛灌木，包括八棵幼苗。几分钟后，他们发现事实恰恰相反，獾才是罪魁祸首。但他们没有修正标题，而是换成了：

兔子将对獾发动新一轮袭击。这告诉读者，也告诉兔子：攻击性是兔子所特有

---

① 杰瑞·宋飞（Jerry Seinfeld，1954— ），美国单口喜剧演员，擅长观察式喜剧，与拉里·大卫（Larry David）共同编剧创作了情景喜剧《宋飞正传》，并在其中扮演了半虚构版本的自己。

的——无论他们做了什么，或遭受了什么。在任何情况下，抛去背景与事实不谈，他们都会被认定为袭击者。

在听上去理性的发言中，也能找到对某些群体形象的断言，（讽刺的是）这种情况下，表面的理性就成了其反智主义本质的遮羞布。在獾大陆上，彼此间截然不同的族群很难团结在一起，某知名专家对此评论道：

只有在兔子失权的地方，兔子们才可能过上好日子，换言之，在不由兔子主导的社会中才能实现。所有兔子都想过好日子。好日子在哪儿呢？在兔子无权决定任何事情的地方。

除此之外，这位专家还概括说：

在兔子的世界里，要么是一只动物压迫其他所有动物，要么是自由竞争，同类相残。这就是他们的文化。

还有：

你怎么可能跟这些兔子和平共处？他们可是会把自己的第一窝孩子泡进胡萝卜汁里的。这就是他们的文化。这就是兔子世界的主流文化。很多兔子就是会这么对自己的第一窝孩子。

当有人点出你的“本质”，认为这一堆野蛮的品质就是你——在这个案例中是全体兔子——天生的，他说出来的话就会这么“好听”，尽管我们这位大胡子学者朋友——似乎灵光一现——还将扫射范围贴心地从“主流”缩减到了“很多”。

对他者保持一点点好奇心，足以克服这类先入之见。

唉，这的确令人沮丧。但我希望你在短暂的烦闷之后，能够提出振奋人心的问题，以及有批判性的质询。我们中很多人都心怀改变世界的愿望，却会在生命中某个时刻遭遇来自他人的成见。我不确定这种思维倾向能否得到纠正：将世界看作许多个“我们”“他们”，给每个群体都套上刻板印象。这一行为既不鲜见，也不新奇。正如我们在本章，乃至整本书中看到的，是恶意助长了这种行为，让它潜滋暗长，长期寄生在社会中。而最关键的是，我们要认识到语言所能产生的影响，它影响着我们与自我、与身份之间的关系；我们还要提高敏感度，从而保持自我觉察与自信，坚持独立思考。

决议：在本决议之前持有的一切想法都是无效的，在本决议之后可能出现的任何新想法都是不正常的。
好，我们来讨论一下那个——

第一只四足动物。

结语

第一次听到“隔墙有耳”这个说法时我还很小，大概七八岁。它的意思很清楚：说话要小心，就算一定要说，也不要直接说出来。一旦培养出对言外之意的敏感性，阅读诗歌和小说——尤其诗歌，就能读出新的意味。我渐渐意识到，许多看起来无害的诗句实则暗藏政治表达，甚至包括童谣：《黑绵羊咩咩叫》[1] 就是在讽刺国王和国家，我读懂了！

一方面，依靠这种意识，人们即使在紧张的社会环境中也能发表异议。诉诸语言（或书中毛茸茸的小动物角色），人们得以在避免生命危险的情况下阐述观点。

另一方面，它又可能带来一种高压、恐怖的社会风气。国家可以借此逃避一切问责。他们不必再想方设法避开法律管制来压迫某些群体——这样还得为自己做道德辩护；而可以随意通过符合自身利益的立法，并在需要的时刻利用它们。毕竟，人人都说，法律至上。

同样地，民粹主义者也能通过言外之意向他的支持者们吹狗哨——在众目睽睽之下表达自己的极端政见，表面上还能推卸责任。就算到了难以抵赖的地步，他也无需在法律或道德层面承认自己别有用心。

---

① 英国童谣，广为流传的版本是一只黑绵羊要把自己的羊毛分给男主人、女主人和“巷子里的小男孩”。后世多认为这是在讽刺国王爱德华一世 1275 年开始征收的羊毛出口关税。

我也注意到了美国当下的不安定，不只在今年[①]，未来几年大概也将如此。情况正愈演愈烈，我想很多人都与我有相同的感受。昨天还老掉牙的古板观念、人们不屑一顾的虚辞，今天却能动员一批忠实信徒，造成具有破坏性的结果。随着政治周期逐渐接近下一个狂热的顶峰，人们只能眼睁睁看着恶毒的言辞和猎巫倾向、部落主义甚嚣尘上，广泛的愤怒与憎恨情绪充斥于政治话语中。

无论是否乐意，我们的生活都与政治活动、政治话语相交织。任何具有批判意识的思想者都不能回避它们；我们必须带着说真话的勇气走近它们，这正是如今迫切需要的品质。正如C. 赖特·米尔斯[②]所说：“知识分子必须以政治为中心团结起来，共同努力。如果思想者不能在政治活动中投身于对真理价值的追求，那么他也很难负责任地去面对自己的生命经验。”

在本书中，你一定注意到了，我没有在明显的谬论、公然的谎言、怀有确切偏见与情绪的语言上花太多时间。说自己掌握了“另类事实”并不明智。与之相比，我认为一些暧昧不清的例子更值得讨论：它们更隐蔽，也需要更多勇气才能指出其中谬误。

导论部分的开头，我们讨论了认知偏差：我们的关注点往往落在自己是否喜欢某人上，而非他的发言是否站得住脚。出于这种原因，我选择了不公开（大部分的）文本来源，并以动物指代个人或群体——让读者意识到他们可能存在的偏见。

矛盾的是，我当然也有我的偏见。我最常阅读的报刊媒体、听得最多的发言、

---

① 本书原版出版于2021年。

② C. 赖特 · 米尔斯（C. Wright Mills，1916—1962），美国社会学家，文化批判主义的主要代表人物之一。

最关注的现实事件，最终成了我的原始素材。我引用它们时，并不是将它们奉为圭臬；我批评它们时，也不是认为它们完全不可靠。

说了这么多，我希望这本书不仅能帮我们看穿语言的伪装，还能让我们更好地应对可能出现的状况。通过提高敏感度，辨别出哪怕最隐晦的言语套路，我们或许就有机会养成新的本领，看透那些厚颜无耻、满怀恶意的话术——它们往往也更有效。

所以，竖起你的兔子耳朵，听听那些言外之意吧：这则叙述中遗漏了什么？对谁有利？是否强调了某人的身份、立场或其他品质，以证明他的善良和可靠？这透露出了作者什么样的观点？我们是否被操纵着去憎恨某个人、某件事？或者去相信他们？

希望我们都能记得问这些问题。

推荐阅读

比尔·布莱森（Bill Bryson），《英语麻烦词词典》（*Bryson's Dictionary of Troublesome Words*. New York: Broadway Books, 2002）

威廉·卢茨（William Lutz），《双言巧语》（*Doublespeak*. United Kingdom: Harper & Row, 1989）

乔治·奥威尔（George Orwell），《政治与英语》（"Politics and the English Language." London: *Horizon*, 1946. 本书第 6 页及第 34 页引用）

乔治·奥威尔（George Orwell），《1984》（*1984*. London: Secker & Warburg, 1949. 本书第 72 页引用）

引文出处

名言页 客观真理的概念 George Orwell. "Looking Back on the Spanish War." London: *New Road*, 1943.

第 14 页 许多批评者指出 Sam Harris. *The Moral Landscape.* New York: Simon & Schuster, 2010.

第 16 页 更令人担忧的是 "Whatever Happened to Global Warming?" *The Daily Mail*, October 14, 2009.

第 19 页 每一代都会有 J. M. Coetzee. *Waiting for the Barbarians: A Novel.* New

York: Penguin Books, 1980.

第 28 页 在无休止的混乱中 "Elect Joe Biden, America." *The New York Times*, October 7, 2020.

第 31 页 关于投资而非贸易 Duncan Green. *The Silent Revolution*. New York: Monthly Review Press, 2003.

第 42 页 那些支持我们 Thomas L. Freidman. "A Geopolitical Earthquake Just Hit the Mideast." *The New York Times*, August 13, 2020.

第 43 页 我们为自己制造事实的图画 Ludwig Wittgenstein. *Tractatus Logico-Philosophicus*. London: Kegan Paul, Trench, Trübner & Co., 1921.

第 43 页 一群移动的隐喻、转喻和拟人 Friedrich Nietzsche. "On Truth and Lies in a Nonmoral Sense." 1896.

第 48 页 毋庸置疑，语言会揭示说话者的本质 James Baldwin. "If Black English Isn't a Language, Then Tell Me, What Is?" *The New York Times*, July 29, 1979.

第 49 页 你可能会更加富有 Jessica Stillman. "Bill Gates Always Reads Before Bed. Science Suggests You Should Too." Inc.com, April 14, 2020.

第 49 页 我倾向于认为 Robert Knox. *The Races of Men: A Fragment*. Philadelphia: Lea & Blanchard, 1850.

第 53 页 归根结底，政府官员必须 "U.S. Congress's Dereliction of Leadership on Government Shutdown." *The Washington Post*, September 29, 2013.

第 59 页 这种情况以前发生过 Abraham Miller. "In the Middle East, Give War a

Chance." *Newsweek*, May 19, 2021.

第 61 页 "过去与现在，" 他心想 Anton Chekhov. *The Witch and Other Stories*. Translated by Constance Garnett. New York: Macmillan, 1918.

第 66 页 疫苗学的历史可追溯至 Alan Bernstein. "I'm Optimistic That We Will Have a COVID-19 Vaccine Soon." *The Atlantic*, August 29, 2020.

第 66 页 马可尼的贡献 Abraham Flexner. "The Usefulness of Useless Knowledge." *Harper's Magazine*, June/November 1939.

第 73 页 当这句话第一次传入哈莱姆区时 James Baldwin.

第 76 页 在你身上沉淀 Antonio Gramsci. *Prison Notebooks*. New York: Columbia University Press, 2011.

第 79 页 头脑被惯坏了 Bret Stephens. "Dear Millennials: The Feeling Is Mutual." *The New York Times*, May 17, 2019.

第 84 页 知识分子必须 C. Wright Mills. *The Politics of Truth: Selected Writings*. New York: Oxford University Press, 2008.

致谢

我的好朋友、长期合作伙伴亚历杭德罗·希拉尔多为本书创作了插图，他的创作是世上最好的，无人可比。本书的编辑是独一无二的卡伦·詹格雷科，我非常敬佩她拥有广博的专业知识，本书也因为她的用心而更加出色。我要感谢 The Experiment 的每一个人，尤其是贝丝·比格勒，在她的帮助下，最初的设想得以发展为本书令人赞叹的封面；还有杰克·邓宁顿，他为本书的内页设计贡献良多。

我还要感谢格里戈里·波古尔斯基对本书初稿的审读和意见，感谢里德·奥布莱恩和我分享有关“巧妙回避”（Artful Dodging）的研究。感谢我的父亲，他对本书尚未成形的大纲提出过宝贵建议。感谢两位匿名审稿人，他们在线上对本书的初译版做了重要的编辑工作。感谢伊琳娜·“亚历克丝”·桑杜为本书部分章节提供的出色案例。感谢旧金山市中心的众多咖啡馆，本书大部分内容都是在咖啡馆里写的（因为疫情原因，有些是在咖啡馆外写的）。还要感谢我的所有读者、订阅者，以及在自己网页上分享我作品的评论者们。对于你们给予的巨大支持，我不胜感激。本书是《神逻辑》后续系列作品中的第一部。

图书在版编目（CIP）数据

神套路：为什么我们总被带节奏／（美）阿里·阿莫萨维著；（哥伦）亚历杭德罗·希拉尔多绘；王扬译．—— 海口：南海出版公司，2024.2
ISBN 978-7-5735-0604-7

Ⅰ．①神… Ⅱ．①阿… ②亚… ③王… Ⅲ．①信息学-传播学-通俗读物 Ⅳ．①G20-49

中国国家版本馆CIP数据核字(2023)第220094号

著作权合同登记号　图字：30-2024-001

神套路：为什么我们总被带节奏
〔美〕阿里·阿莫萨维 著
〔哥伦〕亚历杭德罗·希拉尔多 绘
王扬 译

出　　版　南海出版公司　(0898)66568511
　　　　　海口市海秀中路51号星华大厦五楼　邮编 570206
发　　行　新经典发行有限公司
　　　　　电话(010)68423599　邮箱 editor@readinglife.com
经　　销　新华书店

责任编辑　侯明明
特邀编辑　殷秋娟子　冯文欣
营销编辑　宋　敏　游艳青
装帧设计　李照祥
内文制作　贾一帆

印　　刷　北京奇良海德印刷股份有限公司
开　　本　889毫米×1194毫米　1/24
印　　张　4
字　　数　68千
版　　次　2024年2月第1版
印　　次　2024年5月第2次印刷
书　　号　ISBN 978-7-5735-0604-7
定　　价　69.00元